Petits Classiques

LAROUSSE

Collection fondé
Agrégé des Lettre

D1352400

Les Fleurs du mal

Baudelaire

Poésie

Édition présentée,
annotée et commentée
par Françoise RULLIER-THEURET,
maître de conférences
à l'université Paris-IV Sorbonne

SOMMAIRE

Avant d'aborder l'œuvre

Les fleurs du mal
BAUDELAIRE

Pour approfondir

AVANT D'ABORDER
L'ŒUVRE

Fiche d'identité de l'auteur

Baudelaire

Nom : Charles Baudelaire.

Naissance : 1821, à Paris.

Famille : 1827, mort de son père ; 1828 sa mère se remarie avec le commandant Aupick, symbole de l'ordre bourgeois que le poète détestera.

Formation : Lycée Louis-Le-Grand ; 1841 découverte de l'exotisme et de la sensualité dans les mers du Sud. 1842, devenu majeur, il dilapide son héritage et sa famille lui impose un conseil judiciaire (Mᵉ Ancelle).

Début de carrière : Baudelaire publie à 24 ans sa première œuvre de critique d'art, le *Salon de 1845*. Dans le *Salon de 1846* il laisse éclater son admiration pour le peintre romantique Eugène Delacroix. En 1847 il découvre l'œuvre d'Edgar Poe.

Premiers succès : Les succès se font attendre. Baudelaire est connu des cercles littéraires, mais ses poèmes publiés en revue trouvent peu d'écho auprès du public et ne lui donnent pas les moyens matériels de vivre.
1857, la publication des *Fleurs du mal* est suivie d'un procès.

Évolution de la carrière littéraire : Baudelaire désormais célèbre donne une deuxième édition des *Fleurs du mal* en 1861. Mᵉ Ancelle lui verse une rente mensuelle qui lui assure une vie matérielle précaire. Le jeune poète gagne sa vie en écrivant des articles de critique d'art. Il consacre sa vie à la poésie, mais ses vers sont généralement peu compris de ses contemporains et ses rêves de gloire se heurtent à l'incompréhension du public.

Mort : 1867, mort à Paris à l'âge de 46 ans.

Baudelaire aux gravures, photographie par Étienne Carjat (1828-1906), 1863.

Repères chronologiques

Vie et œuvre de Baudelaire	Événements politiques et culturels
1821 Naissance de Charles Baudelaire.	**1821** Mort de Napoléon.
1827 Mort du père de Charles Baudelaire.	**1827** **Victor Hugo,** *Préface de Cromwell.*
1828 Mariage de la mère avec Aupick.	**1830** Bataille d'*Hernani.* Avènement de Louis-Philippe.
1841 Voyage à l'île Bourbon (actuelle île de la Réunion).	**1832** Gautier, *Poésies.* Delacroix, *Femmes d'Alger.*
1842 Rencontre avec Jeanne Duval.	**1836** Lamartine, *Jocelyn.*
1844 Baudelaire est pourvu d'un conseil juridique.	**1840** Hugo, *Les Rayons et les Ombres.*
1845 *Le Salon de 1845.* Première traduction de Poe.	**1842** Naissance de Mallarmé.
1846 *Le Salon de 1846.*	**1845** Gautier, *Poésies complètes.*
1847 *La Fanfarlo.* Rencontre avec Marie Daubrun.	**1848** **Révolution de février.** **Mort de Chateaubriand.**
1851 *Du Vin et du Haschisch.*	**1851** Coup d'État de Louis-Napoléon.
1852 Rencontre avec Mme Sabatier.	**1852** Gautier, *Émaux et Camées.* Leconte de Lisle, *Poèmes antiques.*
1857 *Les Fleurs du mal.* **Procès du recueil.**	**1853** Hugo, *Les Châtiments.*
1859 *Le Salon de 1859.* *Le peintre de la vie moderne.*	**1854** Nerval, *Les Filles du feu.* Naissance de Rimbaud
1860 *Les Paradis artificiels.*	**1855** Mort de Nerval.

Repères chronologiques

Vie et œuvre de Baudelaire	Événements politiques et culturels
1861 Deuxième édition des *Fleurs du mal*. **1866** Malaise à Namur, Baudelaire est aphasique et hémiplégique. **1867** **Mort de Baudelaire.** **1868** Troisième édition des *Fleurs du mal*. **1869** Publication du *Spleen de Paris*.	**1856** Hugo, *Les Contemplations*. **1857** Flaubert, *Madame Bovary*. **1859** Hugo, *La Légende des siècles*. **1862** Hugo, *Les Misérables*. Leconte de Lisle, *Poèmes barbares*. **1863** Manet, *Le Déjeuner sur l'herbe*. **1864** Vigny, *Les Destinées* (posthume). Mallarmé, *Hérodiade*. **1866** Verlaine, *Poèmes saturniens*. Premier *Parnasse contemporain*. **1867** Zola, *Thérèse Raquin*. Karl Marx, *Le Capital*. **1869** 2e *Parnasse contemporain*. Verlaine, *Fêtes galantes*. Lautréamont, *Les Chants de Maldoror*. **1871** Rimbaud à Paris. **1876** 3e *Parnasse contemporain*. **1884** Leconte de Lisle, *Poèmes tragiques*. **1893** Heredia, *Les Trophées*.

Fiche d'identité de l'œuvre

Les Fleurs du Mal

Genre : recueil poétique.

Auteur : Charles Baudelaire, XIXᵉ siècle.

Objets d'étude : la poésie ; les réécritures ; un mouvement d'histoire littéraire et culturel : la naissance de la modernité.

Registre : lyrique.

Structure : six sections très inégales : « Spleen et Idéal » (85 poèmes), « Tableaux parisiens » (18 poèmes), « Le Vin » (5 poèmes), « Fleurs du mal » (9 poèmes), « Révolte » (3 poèmes), « La Mort » (6 poèmes).

Sujet : l'itinéraire d'une âme, l'âme du poète. « Spleen et Idéal », représente le contraste entre l'élan vers le haut, l'idéal inaccessible et la chute (le spleen). « Tableaux parisiens », montre la tentative d'une évasion dans le monde de la grande ville où le poète retrouve partout son image. « Le Vin » décrit le réconfort dans les paradis artificiels. Cette étape n'apporte qu'un repos transitoire. Vient alors l'abandon de l'être à la destruction qui le fascine. C'est le contenu de la section « Les Fleurs du mal ». « Révolte » est le moment du sarcasme et de la révolte contre Dieu. Il ne reste plus qu'une ultime tentative : trouver le repos dans la mort, dans l'inconnu absolu. C'est la fin de l'œuvre, la section : « La Mort. »

Lectures de l'œuvre : le recueil concentre toute la production en vers de son auteur. Il a influencé profondément les poètes modernes. Rimbaud, Verlaine et Lautréamont poursuivent sa quête angoissée. Les surréalistes saluent en lui le voyant et l'inventeur du surnaturalisme. Mallarmé et Valéry recueillent l'héritage de l'exigence formelle et de la pureté poétique.

AU POÈTE IMPECCABLE

AU PARFAIT MAGICIEN ÈS LANGUE FRANÇAISE

A MON TRÈS-CHER ET TRÈS-VÉNÉRÉ

MAÎTRE ET AMI

THÉOPHILE GAUTIER

AVEC LES SENTIMENTS

DE LA PLUS PROFONDE HUMILITÉ

JE DÉDIE

CES FLEURS MALADIVES

C. B.

Manuscrit autographe de Baudelaire : corrections de la dédicace
de la première édition des *Fleurs du mal*, 1857.

L'œuvre dans son siècle

L'artiste et les bourgeois

L'INDUSTRIALISATION de la France profite essentiellement à la classe bourgeoise. Le pays se couvre de routes et de voies ferrées, des banques se créent, les grands travaux de Haussmann transforment Paris (voir les poèmes de la section « Tableaux parisiens » des *Fleurs du mal*). L'essor industriel est en même temps marqué par la prise de conscience sociale des prolétaires (1847, *Manifeste du parti communiste*, 1867, première Internationale ouvrière).

LES BOURGEOIS d'avant la Révolution de 1789 avaient comme modèle l'aristocratie à laquelle ils désiraient ressembler et s'assimiler. Dans le courant du XIXe siècle, la classe bourgeoise se constitue une idéologie propre à la fois orientée vers le profit et inspirée des courants de pensée du XVIIIe siècle. La bourgeoisie affirme sa foi dans l'industrie et le progrès. Elle prône comme valeurs la science, le libéralisme, l'utilitarisme, mais en les associant à un souci d'ordre moral et social, qui lui fait accepter l'Église et repousser le populisme romantique. L'idéologie bourgeoise repose ainsi sur la contradiction entre l'héritage des lumières et des conceptions politiques figées qui ne laissent aucune place au progrès social.

Dans ce système économique nouveau, l'œuvre d'art est devenue une marchandise dans un marché de la presse et du livre où l'auteur est lié et livré à son public. Le produit littéraire ne dépend plus d'une protection, mais il est soumis à la critique et à l'opinion publique.

L'ART OFFICIEL s'épanouit dans l'académisme. Les artistes authentiques glissent progressivement vers la marginalité, proposant des visions du monde inacceptables par l'idéologie officielle. L'artiste moderne refuse de se compromettre dans un monde jugé répugnant et il se replie sur sa solitude.

L'œuvre dans son siècle

La révolution de 1848 et le second Empire

Les écrivains accueillent la révolution de 1848 comme une victoire. C'est Lamartine, chef de l'opposition, qui proclame la république. Il est ensuite chef du gouvernement provisoire, puis candidat à la présidence de la république. Mais la révolution déçoit les poètes : certes, le roi (Louis-Philippe) est renversé, mais la république (c'est la IIe République) écrase les prolétaires (et cette répression est injustifiable). En 1851, Louis-Napoléon Bonaparte, qui a été élu président de la République, proclame le « second Empire », son pouvoir personnel va consolider la puissance économique de la bourgeoisie. L'échec de la Révolution de 1848, puis le coup d'État mettent fin au rêve romantique, incarné par Lamartine et Hugo, d'instaurer une république guidée par les poètes. La liberté d'expression n'est plus respectée, la censure sévit, l'exil de Victor Hugo (à Jersey puis à Guernesey) est emblématique de la révolte des artistes. Mais il existe plusieurs réactions possibles face à la confiscation du pouvoir par Napoléon III.

La protestation, le désengagement ou la révolte

Pour Hugo, la mission du poète a un aboutissement politique : en 1848, il est député de Paris. Après le coup d'État, il part en exil et il y reste jusqu'en 1870 (malgré l'amnistie qui lui aurait permis de rentrer en France dès 1859). Il écrit en 1853 *Les Châtiments*, poèmes satiriques qui attaquent Napoléon III (appelé « Napoléon le petit »), en 1862 *Les Misérables* est considéré comme un livre dangereux pour le pouvoir et connaît un énorme succès populaire. Depuis Guernesey, Hugo est le chef spirituel de l'opposition républicaine. Quand il rentre en France en 1870, il est élu député de gauche. Le roman réaliste (Flaubert, Maupassant), et naturaliste (Zola), dénonce les tares de la bourgeoisie (bêtise, égoïsme, hypocrisie, goût de l'argent), puis les malheurs du peuple (naissance du prolétariat et scandaleuse aggravation de la misère du peuple).

L'œuvre dans son siècle

LA DOCTRINE de « l'art pour l'art » prétend séparer le poète du politique. Cette réaction contre l'engagement du poète dans l'histoire est d'abord conduite par d'anciens romantiques, comme Théophile Gautier, elle se structure ensuite autour de Leconte de Lisle et Théodore de Banville, dont les œuvres sont publiées dans la revue *Le Parnasse contemporain* (c'est pourquoi on les appelle « poètes parnassiens »). Baudelaire, qui compte parmi les admirateurs de Gautier, est un moment séduit par cette conception plastique et technicienne de la poésie. Dans *Les Fleurs du mal*, certains textes laissent ainsi affleurer la tentation d'une écriture portée par le culte de la forme et la gratuité de ses effets (voir « La Beauté » : « Je suis belle, ô mortels ! comme un rêve de pierre »).

Le refus de toute fonction sociale

BAUDELAIRE refuse toute fonction sociale de l'art et du poète. Il ne peut accepter ni les valeurs bourgeoises ni les espoirs des utopistes ou des révolutionnaires. Son attitude politique est pour le moins ambiguë, sur les barricades en 1848, il parle d'aller fusiller son beau-père, le général Aupick (qui incarne parfaitement à ses yeux la société autoritaire, gardienne d'un ordre fondé sur l'enrichissement bourgeois). Par la suite, il manifeste son dégoût pour la société du second Empire, écrivant à propos des *Fleurs du mal* : « il restera ce livre comme témoignage de mon dégoût et de ma haine de toute chose » (lettre à sa mère, 1861). Son livre vise à représenter les agitations spirituelles de la jeunesse moderne. Par ailleurs, le dandysme qu'il professe le montre épris de distinction, imbu de la supériorité de son esprit, c'est une tentative pour se démarquer du commun, se singulariser.

SA VOLONTÉ de choquer le bourgeois est certaine, la poésie se fait agression. Le poème liminaire « Au lecteur » le manifeste dans la fameuse apostrophe injurieuse « Hypocrite lecteur, mon semblable, mon frère », qui cache un coup de force : le

L'œuvre dans son siècle

lecteur est « embarqué », le « nous » est le signe d'un partage qui impose l'égalité devant le vice et l'ennui. Le « nous » présuppose une fraternité, mais c'est celle des damnés que l'écriture a charge de dévoiler.

L'année 1857

Beaucoup d'évènements marquent cette année où Baudelaire a trente-six ans : mort du général Aupick, mise en vente des *Fleurs du mal*, le parquet fait saisir l'ouvrage, procès, publication de six poèmes en prose et liaison (très brève) avec Mme Sabatier. Le recueil est mis en vente le 25 juin. Dès le 5 juillet, un article malveillant de Gustave Bourdin est publié dans *Le Figaro* : « L'odieux y coudoie l'ignoble ; le repoussant s'y allie à l'infect. [...] Jamais on n'assista à une semblable revue de démons, de fœtus, de diables, de chloroses, de chats et de vermines. Ce livre est un hôpital ouvert à toutes les démences de l'esprit, à toutes les putridités du cœur. » Le scandale, dans le contexte d'ordre moral prôné par le gouvernement, vaudra à Baudelaire l'intérêt du public et du procureur général.

Décisive dans l'histoire littéraire, 1857 est une date à retenir : elle marque le divorce entre la société bourgeoise et l'art contemporain. En effet, la magistrature au service de la censure instruit deux procès célèbres pour délit d'écriture contre deux chef-d'œuvre de la littérature française : *Madame Bovary* de Gustave Flaubert et *Les Fleurs du mal,* qui inaugurent chacun à leur manière l'écriture moderne. Flaubert et Baudelaire affirment la valeur des techniques d'écriture contraignantes : l'auteur est créateur par son inspiration, mais surtout par son art d'utiliser le langage. Flaubert, qui bénéficiait d'appuis solides, gagne son procès. Le même procureur, Me Pinard, qui instruit les deux procès, porte des attaques plus percutantes contre *Les Fleurs du mal*.

L'œuvre dans son siècle

Le procès des Fleurs du mal

BAUDELAIRE n'organise pas efficacement sa défense, d'autant plus que la mort de son beau-père le général Aupick le prive d'un protecteur influent. L'avocat de Baudelaire plaide la bonne foi de l'auteur : « Où est la faute, je vous prie, au point de vue même de l'accusation, où est la faute et surtout où peut être le délit si c'est pour le flétrir qu'il exagère le mal, s'il peint le vice avec des tons vigoureux et saisissants parce qu'il veut nous en inspirer une haine plus profonde, et si le pinceau du poète vous fait de tout ce qui est odieux une peinture horrible, précisément pour vous en donner l'horreur ? » Ce procès va contre le système de valeurs dont se réclame Baudelaire pour qui art et morale n'ont rigoureusement rien à voir. À vouloir moraliser l'art, on le tue.

LE RECUEIL des *Fleurs du mal* est condamné pour immoralité par la justice impériale et son auteur condamné à une amende (peu sévère) pour « délit d'outrage à la morale publique et aux bonnes mœurs ». Six poèmes sont censurés (voir « Pièces condamnées »). Baudelaire prend très mal cette condamnation qui l'atteint dans sa poésie et qui brise la composition signifiante du recueil. Le livre continue à se vendre secrètement et au double de son prix. L'auteur reçoit le soutien d'autres poètes, en particulier Victor Hugo, qui, à la suite du procès, écrit à Baudelaire : « Une des rares distinctions que le régime actuel peut accorder, vous venez de la recevoir. Ce qu'il appelle sa justice vous a condamné au nom de ce qu'il appelle sa morale : c'est là une couronne de plus. Je vous serre la main, poète. » Ce jugement sera annulé par la Cour de cassation presque un siècle plus tard et Baudelaire ne sera réhabilité que le 31 mai 1949.

Les éditions successives

LE POÈTE doit remanier le recueil condamné pour l'édition de 1861. Il écrit trente-cinq nouveaux poèmes pour combler les vides ouverts par les six poèmes supprimés. Les pièces nouvelles donnent au recueil une orientation plus sombre. En particulier le poème « Le Voyage », qui impose une relecture orientée de tout le recueil. Baudelaire remanie aussi la structure en fonction des tensions constitutives (idéal et spleen). La deuxième édition est le résultat d'un travail très conscient d'élaboration et de refonte. Le poète connaît à cette époque une période d'activité littéraire intense (d'autres travaux de plume, alimentaires, comme les *Salons* s'ajoutent aux poésies). Il est alors au faîte de sa notoriété.

La troisième édition est réalisée un an après la mort du poète par son ami Asselineau et le poète Banville qui en établissent le texte. Le nouveau classement des poèmes n'est pas légitimé par Baudelaire, c'est pourquoi les éditeurs modernes préfèrent l'édition de 1861 dans sa structure construite par l'auteur, plaçant à la fin, en annexe, les nouveaux poèmes, ainsi que les pièces condamnées.

Spleen, Les Fleurs du mal,
lithographie de Édouard Goerg (1893-1969).

Lire l'œuvre aujourd'hui

La poésie de Baudelaire, sous ses apparences classiques, ouvre l'ère de la modernité. L'artiste saura extraire la part de beauté intemporelle des sujets contemporains. C'est la beauté « bizarre » de ce monde moderne qu'il doit savoir exprimer. Le « nouveau » (dernier mot du poème « Le Voyage ») devient une valeur esthétique, ce qu'il n'était pas pour les classiques.

Selon Baudelaire, en art, le beau doit provoquer l'étonnement et échapper éternellement aux analyses des écoles (conçue comme la remise en cause du classicisme académique, la modernité est fondamentalement antibourgeoise). Il n'y a pas le « Beau », mais des beautés toujours nouvelles. Le poète ne doit pas chercher la beauté éternelle et absolue, qui n'est qu'un mythe, mais la beauté propre à son temps. « La modernité c'est le transitoire, le fugitif, le contingent, la moitié de l'art, dont l'autre moitié est l'éternel et l'immuable. »

La modernité des thèmes

La modernité consiste à peindre son temps, le poète moderne prend ses sujets dans le présent et non dans le passé : « Le plaisir que nous retirons de la représentation du présent tient non seulement à la beauté dont il peut être revêtu, mais aussi à sa qualité essentielle de présent. » Chez Constantin Guys (« Le peintre de la vie moderne ») Baudelaire admire la modernité des sujets. L'auteur des *Fleurs du mal* choisit des thèmes nouveaux comme le spleen ou l'exotisme, mais surtout la grande ville. La modernité naît d'un regard porté sur le quotidien, le peuple et la ville.

Dans le lexique de Baudelaire se côtoient le vocabulaire traditionnel de la poésie lyrique (cœur, âme, ciel, amour...) et des mots réputés non poétiques appartenant à la modernité urbaine et industrielle (quinquet, wagon, réverbère, bilan, omnibus..., voir : « Le Cygne »).

Lire l'œuvre aujourd'hui

Une esthétique moderne : forme, dualité et dissonance

Chez Baudelaire, la modernité de l'écriture s'appuie sur une réflexion critique. Les poèmes font souvent retour sur le mécanisme de la création poétique (voir : « L'Ennemi », « La Muse vénale »). Ce phénomène de mise en abyme de l'acte d'écrire est une constante essentielle de la poésie moderne. Les problèmes d'écriture deviennent un thème dominant, le texte s'offre à la fois comme résultat d'une opération d'écriture et description de cette opération. La conscience de la forme s'accompagne de l'exhibition des procédés d'écriture (« Allégorie », « Le Cadre », « L'Irrémédiable »).

Baudelaire affirme la valeur des techniques d'écriture contraignantes, comme le sonnet, l'auteur est créateur non par son inspiration, mais par son art d'utiliser le langage. Il établit une distinction radicale entre poésie et sentiment : « la sensibilité du cœur n'est pas absolument favorable au travail poétique ». Baudelaire a également détaché la poésie du récit (discours propre à la prose), *Les Fleurs du mal* ne contiennent aucun poème narratif. L'harmonie (terme de musique) est une qualité classique, les musiciens modernes cherchent la dissonance (Debussy). *Les Fleurs du mal* font sonner quelques « faux accords » (« L'Héautontimorouménos ») qui expriment la fêlure de la modernité. Le beau et le bien ne vont plus ensemble. La discordance intérieure s'appelle l'ironie.

La catégorie esthétique du grotesque définie par Victor Hugo est fondée sur le rapprochement inattendu du laid et du beau (« Le beau est toujours bizarre ») ; l'horreur et l'abjection, le décadent, le mauvais, le nocturne en sont les ingrédients indispensables, les infirmes pullulent dans le grotesque. Baudelaire fait de ces éléments négatifs des objets de fascination.

Frontispice pour l'édition des *Fleurs du mal*
par Armand Rassenfosse (1862-1934).

Les Fleurs du mal

Baudelaire

Poésie (1857)

Édition de 1861,
complétée des six pièces
interdites en 1857

DÉDICACE

Au Poëte impeccable
Au parfait magicien ès lettres françaises
À mon très cher et très vénéré
Maître et ami
Théophile Gautier
Avec les sentiments
De la plus profonde humilité
Je dédie
Ces Fleurs maladives

C. B.

AU LECTEUR

La sottise, l'erreur, le péché, la lésine[1],
Occupent nos esprits et travaillent nos corps,
Et nous alimentons nos aimables remords,
Comme les mendiants nourrissent leur vermine.

Nos péchés sont têtus, nos repentirs sont lâches ;   5
Nous nous faisons payer grassement nos aveux,
Et nous rentrons gaiement dans le chemin bourbeux,
Croyant par de vils pleurs laver toutes nos taches.

Sur l'oreiller du mal c'est Satan Trismégiste[2]
Qui berce longuement notre esprit enchanté,   10
Et le riche métal de notre volonté
Est tout vaporisé[3] par ce savant chimiste.

C'est le Diable qui tient les fils qui nous remuent !
Aux objets répugnants nous trouvons des appas[4] ;
Chaque jour vers l'Enfer nous descendons d'un pas,   15
Sans horreur, à travers des ténèbres qui puent.

Ainsi qu'un débauché pauvre qui baise et mange
Le sein martyrisé d'une antique catin,
Nous volons au passage un plaisir clandestin
Que nous pressons bien fort comme une vieille orange.   20

Serré, fourmillant, comme un million d'helminthes[5],
Dans nos cerveaux ribote[6] un peuple de Démons,

---

1. **Lésine :** avarice.
2. **Trismégiste :** surnom que les grecs donnaient à Hermès, fondateur de l'alchimie.
3. **Vaporisé :** transformé en vapeur.
4. **Appas :** charmes physiques d'une femme (vieux et littéraire), ne pas confondre avec *appâts*, amorces pour attirer un animal.
5. **Helminthes :** vers parasites de l'homme et de l'animal.
6. **Ribote :** se livre à des excès de table et de boisson (vieux).

Et, quand nous respirons, la Mort dans nos poumons
Descend, fleuve invisible, avec de sourdes plaintes.

25 Si le viol, le poison, le poignard, l'incendie,
N'ont pas encor brodé de leurs plaisants dessins
Le canevas banal de nos piteux destins,
C'est que notre âme, hélas ! n'est pas assez hardie.

Mais parmi les chacals, les panthères, les lices[1],
30 Les singes, les scorpions, les vautours, les serpents,
Les monstres glapissants, hurlants, grognants, rampants,
Dans la ménagerie infâme de nos vices,

Il en est un plus laid, plus méchant, plus immonde !
Quoiqu'il ne pousse ni grands gestes ni grands cris,
35 Il ferait volontiers de la terre un débris
Et dans un bâillement avalerait le monde ;

C'est l'Ennui ! – l'œil chargé d'un pleur involontaire,
Il rêve d'échafauds en fumant son houka.
Tu le connais, lecteur, ce monstre délicat,
40 – Hypocrite lecteur, – mon semblable, – mon frère !

---

1. **Lices :** femelles de chien de chasse.

Spleen et idéal

I.
BÉNÉDICTION

Lorsque, par un décret des puissances suprêmes,
Le Poète apparaît en ce monde ennuyé,
Sa mère épouvantée et pleine de blasphèmes
Crispe ses poings vers Dieu, qui la prend en pitié :

– « Ah ! que n'ai je mis bas tout un nœud de vipères,   5
Plutôt que de nourrir cette dérision !
Maudite soit la nuit aux plaisirs éphémères
Où mon ventre a conçu mon expiation !

Puisque tu m'as choisie entre toutes les femmes
Pour être le dégoût de mon triste mari,   10
Et que je ne puis pas rejeter dans les flammes,
Comme un billet d'amour, ce monstre rabougri,

Je ferai rejaillir ta haine qui m'accable
Sur l'instrument maudit de tes méchancetés,
Et je tordrai si bien cet arbre misérable,   15
Qu'il ne pourra pousser ses boutons empestés ! »

Elle ravale ainsi l'écume de sa haine,
Et, ne comprenant pas les desseins éternels,
Elle-même prépare au fond de la Géhenne[1]
Les bûchers consacrés aux crimes maternels.   20

Pourtant, sous la tutelle invisible d'un Ange,
L'Enfant déshérité s'enivre de soleil
Et dans tout ce qu'il boit et dans tout ce qu'il mange
Retrouve l'ambroisie[2] et le nectar[3] vermeil.

---

1. **Géhenne :** enfer, dans les écrits bibliques.
2. **Ambroisie :** nourriture des dieux dans la mythologie grecque.
3. **Nectar :** boisson mythique des dieux grecs à base de miel.

, cause avec le nuage,
ntant du chemin de la croix ;
it dans son pèlerinage
gai comme un oiseau des bois.

eut aimer l'observent avec crainte,
dissant de sa tranquillité,
i saura lui tirer une plainte,
Et font sur lui l'essai de leur férocité.

Dans le pain et le vin destinés à sa bouche
Ils mêlent de la cendre avec d'impurs crachats ;
35 Avec hypocrisie ils jettent ce qu'il touche,
Et s'accusent d'avoir mis leurs pieds dans ses pas.

Sa femme va criant sur les places publiques :
« Puisqu'il me trouve assez belle pour m'adorer,
Je ferai le métier des idoles antiques,
40 Et comme elles je veux me faire redorer ;

« Et je me soûlerai de nard[1], d'encens, de myrrhe[2],
De génuflexions, de viandes et de vins,
Pour savoir si je puis dans un cœur qui m'admire
Usurper en riant les hommages divins !

45 « Et, quand je m'ennuierai de ces farces impies,
Je poserai sur lui ma frêle et forte main ;
Et mes ongles, pareils aux ongles des harpies[3],
Sauront jusqu'à son cœur se frayer un chemin.

« Comme un tout jeune oiseau qui tremble et qui palpite,
50 J'arracherai ce cœur tout rouge de son sein,
Et, pour rassasier ma bête favorite
Je le lui jetterai par terre avec dédain ! »

---

1. **Nard :** parfum.
2. **Myrrhe :** résine aromatique offerte à Jésus par les Rois mages, avec l'encens et l'or.
3. **Harpies :** monstre fabuleux à tête de femme et à corps d'oiseau.

Vers le Ciel, où son œil voit un trône splendide,
Le Poète serein lève ses bras pieux,
Et les vastes éclairs de son esprit lucide   55
Lui dérobent l'aspect des peuples furieux :

— « Soyez béni, mon Dieu, qui donnez la souffrance
Comme un divin remède à nos impuretés
Et comme la meilleure et la plus pure essence
Qui prépare les forts aux saintes voluptés !   60

« Je sais que vous gardez une place au Poète
Dans les rangs bienheureux des saintes Légions [1],
Et que vous l'invitez à l'éternelle fête
Des Trônes, des Vertus, des Dominations [2].

« Je sais que la douleur est la noblesse unique   65
Où ne mordront jamais la terre et les enfers,
Et qu'il faut pour tresser ma couronne mystique
Imposer tous les temps et tous les univers.

« Mais les bijoux perdus de l'antique Palmyre [3],
Les métaux inconnus, les perles de la mer,   70
Par votre main montés, ne pourraient pas suffire
À ce beau diadème éblouissant et clair ;

« Car il ne sera fait que de pure lumière,
Puisée au foyer saint des rayons primitifs,
Et dont les yeux mortels, dans leur splendeur entière,   75
Ne sont que des miroirs obscurcis et plaintifs ! »

---

1. **Saintes Légions :** armée des anges.
2. **Trônes, Vertus et Dominations :** hiérarchie des anges.
3. **Palmyre :** très riche cité antique du désert syrien, dévastée par les
   Romains puis détruite par les Arabes.

II.
L'ALBATROS

Souvent, pour s'amuser, les hommes d'équipage
Prennent des albatros, vastes oiseaux des mers,
Qui suivent, indolents compagnons de voyage,
Le navire glissant sur les gouffres amers.

5 À peine les ont-ils déposés sur les planches,
Que ces rois de l'azur, maladroits et honteux,
Laissent piteusement leurs grandes ailes blanches
Comme des avirons traîner à côté d'eux.

Ce voyageur ailé, comme il est gauche et veule[1] !
10 Lui, naguère si beau, qu'il est comique et laid !
L'un agace son bec avec un brûle-gueule[2],
L'autre mime, en boitant, l'infirme qui volait !

Le Poète est semblable au prince des nuées
Qui hante la tempête et se rit de l'archer ;
15 Exilé sur le sol au milieu des huées,
Ses ailes de géant l'empêchent de marcher.

---

1. **Veule :** qui manque d'énergie.
2. **Brûle-gueule :** pipe à tuyau très court.

Clefs d'analyse

L'Albatros (II)

Compréhension

La composition du poème

- Observer la progression des trois premières strophes décrivant une anecdote cruelle (capture de l'oiseau par les marins, maladresse de l'oiseau sur le pont, cruauté des marins et souffrance de l'oiseau).

La majesté de l'oiseau

- Observez les noms et les adjectifs qui désignent l'albatros : métaphores et périphrases qui disent la majesté du vol, adjectifs qui qualifient la mer ou l'humain (personnification).
- Relevez les mots et images qui évoquent la liberté.

Le retournement

- Relevez les actions des marins.
- Relevez les figures de la contradiction entre les mots.

Réflexion

La comparaison

- Relevez la comparaison qui ouvre la quatrième strophe.
- Cherchez les expressions qui peuvent s'appliquer au poète aussi bien qu'à l'oiseau.

La souffrance de l'artiste

- Définissez la position de l'artiste dans ce monde-ci.
- Montrez comment il est écartelé entre le monde d'ici-bas et la tentation de l'azur.

À retenir :

*L'albatros, avec son nom qui semble emprunter à deux sources étymologiques (*alba*, blanc et* atro*, noir), est l'image du poète pris dans ses contradictions. Le poète appartient en tant que créateur au monde de l'idéal, il est fait pour un univers de grandeur et d'altitude, mais il appartient aussi au monde des hommes. Le poète, dont le séjour sur terre est vécu comme un exil, est soumis aux injustices et aux vexations de la société.*

III.
ÉLÉVATION

Au-dessus des étangs, au-dessus des vallées,
Des montagnes, des bois, des nuages, des mers,
Par-delà le soleil, par-delà les éthers[1],
Par-delà les confins des sphères étoilées,

5 Mon esprit, tu te meus avec agilité,
Et, comme un bon nageur qui se pâme dans l'onde,
Tu sillonnes gaiement l'immensité profonde
Avec une indicible et mâle volupté.

Envole-toi bien loin de ces miasmes[2] morbides ;
10 Va te purifier dans l'air supérieur,
Et bois, comme une pure et divine liqueur,
Le feu clair qui remplit les espaces limpides.

Derrière les ennuis et les vastes chagrins
Qui chargent de leur poids l'existence brumeuse,
15 Heureux celui qui peut d'une aile vigoureuse
S'élancer vers les champs lumineux et sereins ;

Celui dont les pensers[3], comme des alouettes,
Vers les cieux le matin prennent un libre essor,
– Qui plane sur la vie, et comprend sans effort
20 Le langage des fleurs et des choses muettes !

---

1. **Éthers :** fluides subtils qui, selon les Anciens, remplissaient les espaces situés au-delà de l'atmosphère ; style poétique : air, ciel.
2. **Miasmes :** émanations dangereuses de matière en décomposition dégageant une odeur désagréable.
3. **Pensers :** ancien mot employé en poésie pour *pensées*.

IV.
CORRESPONDANCES

La Nature est un temple où de vivants piliers
Laissent parfois sortir de confuses paroles ;
L'homme y passe à travers des forêts de symboles
Qui l'observent avec des regards familiers.

Comme de longs échos qui de loin se confondent
Dans une ténébreuse et profonde unité,
Vaste comme la nuit et comme la clarté,
Les parfums, les couleurs et les sons se répondent.

Il est des parfums frais comme des chairs d'enfants,
Doux comme les hautbois, verts comme les prairies,
— Et d'autres, corrompus, riches et triomphants,

Ayant l'expansion des choses infinies,
Comme l'ambre[1], le musc, le benjoin et l'encens,
Qui chantent les transports de l'esprit et des sens.

---

1. **Ambre, musc, benjoin, encens :** parfums orientaux.

Clefs d'analyse
Correspondances (IV)

Compréhension

Poème à forme fixe
- Retrouvez la structure du sonnet.
- Observez le schéma des rimes.

Situation
- Observez comment le poème s'inscrit dans l'itinéraire des *Fleurs du mal*.

Composition du poème
- Observez la répartition entre le discours théorique (quatrains) et son illustration (tercets).

Réflexion

Correspondances verticales
- Relevez les métaphores (quatrains). Expliquez la formule : « La nature est un temple » (v. 1).

Correspondances horizontales
- Montrez qu'il y a un langage de la nature (quatrains).
- Relevez les comparaisons (tercets).

Une thèse et sa démonstration
- Expliquez quelle est la portée spirituelle du poème.

À retenir :
Le sonnet développe à la fois une doctrine littéraire et une théorie mystique. La théorie des correspondances veut que, l'univers étant composé d'éléments analogues, chaque élément corresponde à un élément d'un autre règne : les éléments célestes correspondent verticalement à des éléments terrestres, les éléments de la nature se correspondent horizontalement entre eux.

V

J'aime le souvenir de ces époques nues,
Dont Phœbus[1] se plaisait à dorer les statues.
Alors l'homme et la femme en leur agilité
Jouissaient sans mensonge et sans anxiété,
Et, le ciel amoureux leur caressant l'échine,   5
Exerçaient la santé de leur noble machine[2].
Cybèle[3] alors, fertile en produits généreux,
Ne trouvait point ses fils un poids trop onéreux,
Mais, louve au cœur gonflé de tendresses communes,
Abreuvait l'univers à ses tétines brunes.   10
L'homme, élégant, robuste et fort, avait le droit
D'être fier des beautés qui le nommaient leur roi ;
Fruits purs de tout outrage et vierges de gerçures,
Dont la chair lisse et ferme appelait les morsures !

Le Poète aujourd'hui, quand il veut concevoir   15
Ces natives[4] grandeurs, aux lieux où se font voir
La nudité de l'homme et celle de la femme,
Sent un froid ténébreux envelopper son âme
Devant ce noir tableau plein d'épouvantement.
Ô monstruosités pleurant leur vêtement !   20
Ô ridicules troncs ! torses dignes des masques !
Ô pauvres corps tordus, maigres, ventrus ou flasques,
Que le dieu de l'Utile, implacable et serein,
Enfants, emmaillota dans ses langes d'airain !
Et vous, femmes, hélas ! pâles comme des cierges,   25
Que ronge et que nourrit la débauche, et vous, vierges,
Du vice maternel traînant l'hérédité
Et toutes les hideurs de la fécondité !

---

1. **Phœbus :** autre nom d'Apollon, dieu du Soleil.
2. **Machine :** corps humain (expression classique, vieux).
3. **Cybèle :** déesse de la Fécondité et de la Nature dans la mythologie grecque.
4. **Natives :** originelles.

Nous avons, il est vrai, nations corrompues,
30 Aux peuples anciens des beautés inconnues :
Des visages rongés par les chancres[1] du cœur,
Et comme qui dirait des beautés de langueur ;
Mais ces inventions de nos muses tardives
N'empêcheront jamais les races maladives
35 De rendre à la jeunesse un hommage profond,
— À la sainte jeunesse, à l'air simple, au doux front,
À l'œil limpide et clair ainsi qu'une eau courante,
Et qui va répandant sur tout, insouciante
Comme l'azur du ciel, les oiseaux et les fleurs,
40 Ses parfums, ses chansons et ses douces chaleurs !

VI.
LES PHARES

Rubens[2], fleuve d'oubli, jardin de la paresse,
Oreiller de chair fraîche où l'on ne peut aimer,
Mais où la vie afflue et s'agite sans cesse,
Comme l'air dans le ciel et la mer dans la mer ;

5 Léonard de Vinci[3], miroir profond et sombre,
Où des anges charmants, avec un doux souris
Tout chargé de mystère, apparaissent à l'ombre
Des glaciers et des pins qui ferment leur pays ;

Rembrandt[4], triste hôpital tout rempli de murmures,
10 Et d'un grand crucifix décoré seulement,

---

1. **Chancres** : plaies, ulcérations de la peau ou des muqueuses, dans les maladies sexuellement transmissibles.
2. **Rubens** : peintre flamand du XVIIe siècle.
3. **Léonard de Vinci** : peintre italien de la renaissance.
4. **Rembrandt** : peintre néerlandais du XVIIe siècle.

Où la prière en pleurs s'exhale des ordures,
Et d'un rayon d'hiver traversé brusquement ;

Michel-Ange[1], lieu vague où l'on voit des Hercules
Se mêler à des Christs, et se lever tout droits
Des fantômes puissants qui dans les crépuscules   15
Déchirent leur suaire en étirant leurs doigts ;

Colères de boxeur, impudences de faune,
Toi qui sus ramasser la beauté des goujats[2],
Grand cœur gonflé d'orgueil, homme débile[3] et jaune,
Puget[4], mélancolique empereur des forçats ;   20

Watteau[5], ce carnaval où bien des cœurs illustres
Comme des papillons, errent en flamboyant,
Décors frais et légers éclairés par des lustres
Qui versent la folie à ce bal tournoyant ;

Goya[6], cauchemar plein de choses inconnues,   25
De fœtus qu'on fait cuire au milieu des sabbats[7],
De vieilles au miroir et d'enfants toutes nues,
Pour tenter les démons ajustant bien leurs bas ;

Delacroix[8], lac de sang hanté des mauvais anges,
Ombragé par un bois de sapins toujours vert,   30
Où, sous un ciel chagrin, des fanfares étranges
Passent, comme un soupir étouffé de Weber[9] ;

---

1. **Michel-Ange :** peintre italien de la Renaissance.
2. **Goujats :** jeunes apprentis ouvriers (le mot n'est pas péjoratif dans ce sens vieilli).
3. **Débile :** sans force (vieux).
4. **Puget :** sculpteur français du XVIIe siècle.
5. **Watteau :** peintre français du XVIIIe siècle.
6. **Goya :** peintre espagnol du début du XIXe siècle dont l'influence fut grande sur le romantisme.
7. **Sabbats :** assemblées nocturnes de sorciers et de sorcières.
8. **Delacroix :** peintre français du XIXe siècle, chef de l'école romantique.
9. **Weber :** musicien allemand du début du XIXe siècle.

Ces malédictions, ces blasphèmes, ces plaintes,
Ces extases, ces cris, ces pleurs, ces *Te Deum*[1],
35 Sont un écho redit par mille labyrinthes ;
C'est pour les cœurs mortels un divin opium !

C'est un cri répété par mille sentinelles,
Un ordre renvoyé par mille porte-voix ;
C'est un phare allumé sur mille citadelles,
40 Un appel de chasseurs perdus dans les grands bois !

Car c'est vraiment, Seigneur, le meilleur témoignage
Que nous puissions donner de notre dignité
Que cet ardent sanglot qui roule d'âge en âge
Et vient mourir au bord de votre éternité !

VII.
LA MUSE MALADE

Ma pauvre muse, hélas ! qu'as-tu donc ce matin ?
Tes yeux creux sont peuplés de visions nocturnes,
Et je vois tour à tour réfléchis sur ton teint
La folie et l'horreur, froides et taciturnes.

5 Le succube[2] verdâtre et le rose lutin
T'ont-ils versé la peur et l'amour de leurs urnes ?
Le cauchemar, d'un poing despotique et mutin,
T'a-t-il noyée au fond d'un fabuleux Minturnes[3] ?

Je voudrais qu'exhalant l'odeur de la santé
10 Ton sein de pensers[4] forts fût toujours fréquenté,
Et que ton sang chrétien coulât à flots rythmiques

---

1. ***Te Deum :*** hymne de louange catholique commençant par ces mots :
Te Deum laudamus (Nous te louons Seigneur).
2. **Succube :** démon qui prend la forme d'une femme et séduit les hommes
pendant leur sommeil.
3. **Minturnes :** ville proche de Rome, située dans une région marécageuse.
4. **Pensers :** ancien mot employé en poésie pour *pensées*.

Comme les sons nombreux des syllabes antiques,
Où règnent tour à tour le père des chansons,
Phœbus[1], et le grand Pan[2], le seigneur des moissons.

VIII.
LA MUSE VÉNALE

Ô muse de mon cœur, amante des palais,
Auras-tu, quand Janvier lâchera ses Borées[3],
Durant les noirs ennuis des neigeuses soirées,
Un tison pour chauffer tes deux pieds violets ?

Ranimeras-tu donc tes épaules marbrées   5
Aux nocturnes rayons qui percent les volets ?
Sentant ta bourse à sec autant que ton palais,
Récolteras-tu l'or des voûtes azurées ?

Il te faut, pour gagner ton pain de chaque soir,
Comme un enfant de chœur, jouer de l'encensoir[4],   10
Chanter des *Te Deum*[5] auxquels tu ne crois guère,

Ou, saltimbanque à jeun, étaler tes appas[6]
Et ton rire trempé de pleurs qu'on ne voit pas,
Pour faire épanouir la rate du vulgaire.

---

1. **Phœbus :** autre nom d'Apollon, dieu du Soleil.
2. **Pan :** dans la mythologie grecque, dieu des bergers et des troupeaux, mi-homme, mi-bouc.
3. **Borées :** vents du nord. Borée est le dieu de ces vents dans la mythologie grecque.
4. **Encensoir :** cassolette dans laquelle on brûle l'encens au cours des cérémonies chrétiennes.
5. **Te Deum :** hymne de louange catholique commençant par ces mots : *Te Deum laudamus* (Nous te louons Seigneur).
6. **Appas :** charmes physiques d'une femme (vieux et littéraire), ne pas confondre avec *appâts*.

IX.
LE MAUVAIS MOINE

Les cloîtres anciens sur leurs grandes murailles
Étalaient en tableaux la sainte Vérité,
Dont l'effet, réchauffant les pieuses entrailles,
Tempérait la froideur de leur austérité.

5 En ces temps où du Christ florissaient les semailles,
Plus d'un illustre moine, aujourd'hui peu cité,
Prenant pour atelier le champ des funérailles,
Glorifiait la Mort avec simplicité.

— Mon âme est un tombeau que, mauvais cénobite [1],
10 Depuis l'éternité je parcours et j'habite ;
Rien n'embellit les murs de ce cloître odieux.

Ô moine fainéant ! quand saurai-je donc faire
Du spectacle vivant de ma triste misère
Le travail de mes mains et l'amour de mes yeux ?

---

1. **Cénobite :** moine qui vit en communauté (par opposition à *anacho-rète* « moine qui vit seul »).

X.
L'ENNEMI

Ma jeunesse ne fut qu'un ténébreux orage,
Traversé çà et là par de brillants soleils ;
Le tonnerre et la pluie ont fait un tel ravage,
Qu'il reste en mon jardin bien peu de fruits vermeils.

Voilà que j'ai touché l'automne des idées,   5
Et qu'il faut employer la pelle et les râteaux
Pour rassembler à neuf les terres inondées,
Où l'eau creuse des trous grands comme des tombeaux.

Et qui sait si les fleurs nouvelles que je rêve
Trouveront dans ce sol lavé comme une grève[1]   10
Le mystique aliment qui ferait leur vigueur ?

– Ô douleur ! ô douleur ! Le Temps mange la vie,
Et l'obscur Ennemi qui nous ronge le cœur
Du sang que nous perdons croît et se fortifie !

---

1. **Grève :** terrain plat couvert de gravier le long de la mer ou d'un cour
d'eau.

Clefs d'analyse

L'Ennemi (X)

Compréhension

La construction du poème

- Montrez que ce poème à forme fixe suit les règles du sonnet.
- Remarquez comme le poète a isolé le dernier tercet (tiret, jeu des temps et des personnes, disparition de la métaphore filée) qui apporte un démenti à tout espoir.
- Explicitez l'effet produit par la double exclamation qui ouvre le deuxième tercet.

L'énigme du titre

- Expliquez le titre, en tenant compte de l'article défini et de la majuscule.

Réflexion

L'expression du temps

- Précisez sur quelles métaphores les trois premières strophes sont construites.
- Étudiez le développement de l'image initiale et ses ramifications à travers les deux champs lexicaux des saisons et du jardin.
- Établissez un lien entre la métaphore filée et le titre du recueil.

À retenir :

Aux premiers poèmes qui insistaient sur la grandeur de l'artiste succèdent des textes à coloration sombre qui montrent le poète soumis à la misère. Le temps est l'ennemi du poète et des hommes, il brise toute espérance et toute inspiration. Emportant tout dans son flux destructeur, il est l'obstacle majeur à la démarche du poète en quête d'idéal.

XI.
LE GUIGNON[1]

Pour soulever un poids si lourd,
Sisyphe[2], il faudrait ton courage !
Bien qu'on ait du cœur à l'ouvrage,
L'Art est long et le Temps est court.

Loin des sépultures célèbres,   5
Vers un cimetière isolé,
Mon cœur, comme un tambour voilé,
Va battant des marches funèbres.

— Maint joyau dort enseveli
Dans les ténèbres et l'oubli,   10
Bien loin des pioches et des sondes ;

Mainte fleur épanche à regret
Son parfum doux comme un secret
Dans les solitudes profondes.

---

1. **Guignon :** malchance (littéraire).
2. **Sisyphe :** roi légendaire grec, condamné dans les Enfers à faire rouler
   sur la pente d'une montagne un rocher qui retombait toujours avant
   d'avoir atteint le sommet.

XII.
LA VIE ANTÉRIEURE

J'ai longtemps habité sous de vastes portiques
Que les soleils marins teignaient de mille feux,
Et que leurs grands piliers, droits et majestueux,
Rendaient pareils, le soir, aux grottes basaltiques[1].

5 Les houles, en roulant les images des cieux,
Mêlaient d'une façon solennelle et mystique
Les tout-puissants accords de leur riche musique
Aux couleurs du couchant reflété par mes yeux.

C'est là que j'ai vécu dans les voluptés calmes,
10 Au milieu de l'azur, des vagues, des splendeurs
Et des esclaves nus, tout imprégnés d'odeurs,

Qui me rafraîchissaient le front avec des palmes,
Et dont l'unique soin était d'approfondir
Le secret douloureux qui me faisait languir.

---

1. **Basaltiques** : de basalte, roche de couleur noire.

Clefs d'analyse

La vie antérieure (XII)

Compréhension

Poème à forme fixe

- Montrez comment la forme du sonnet sert à l'expression de l'harmonie par l'accord de la syntaxe et de la versification.
- Montrez comment Baudelaire exploite l'effet de chute du dernier vers dans la tradition du sonnet (ici, sonnet anglais caractérisé par un distique final).

Paysage exotique

- Énumérez les composantes du paysage exotique (climat, végétation, population, couleurs).
- Mettez la description du paysage en rapport avec la théorie des correspondances (poème IV).
- Observez comment l'espace est organisé par la tension entre ici et ailleurs, entre l'azur et le gouffre.

Réflexion

Le sens du titre

- Cherchez dans ce poème le thème romantique de la métempsycose (renvoyant à une autre vie vécue antérieurement) lié à la nostalgie d'un paradis perdu.
- Proposez de cette expérience du poète une lecture plus métaphorique.

À retenir :

Ce sonnet est une évocation de l'idéal, ici rejeté dans une existence passée. Mais l'idéal n'est pas si parfait, cette « vie antérieure » est pervertie par une souffrance énigmatique, brutalement exprimée dans la pointe finale, après treize vers exprimant la quiétude.

XIII.
BOHÉMIENS EN VOYAGE

La tribu prophétique aux prunelles ardentes
Hier s'est mise en route, emportant ses petits
Sur son dos, ou livrant à leurs fiers appétits
Le trésor toujours prêt des mamelles pendantes.

5 Les hommes vont à pied sous leurs armes luisantes
Le long des chariots où les leurs sont blottis,
Promenant sur le ciel des yeux appesantis
Par le morne regret des chimères[1] absentes.

Du fond de son réduit sablonneux, le grillon,
10 Les regardant passer, redouble sa chanson ;
Cybèle[2], qui les aime, augmente ses verdures,

Fait couler le rocher et fleurir le désert
Devant ces voyageurs, pour lesquels est ouvert
L'empire familier des ténèbres futures.

XIV.
L'HOMME ET LA MER

Homme libre, toujours tu chériras la mer !
La mer est ton miroir ; tu contemples ton âme
Dans le déroulement infini de sa lame,
Et ton esprit n'est pas un gouffre moins amer.

---

1. **Chimères :** monstres fabuleux de l'antiquité, d'où le sens de vaine imagination, projets irréalisables (le mot a les deux sens).
2. **Cybèle :** déesse de la Fécondité et de la Nature dans la mythologie grecque.

Tu te plais à plonger au sein de ton image ;   15
Tu l'embrasses des yeux et des bras, et ton cœur
Se distrait quelquefois de sa propre rumeur
Au bruit de cette plainte indomptable et sauvage.

Vous êtes tous les deux ténébreux et discrets :
Homme, nul n'a sondé le fond de tes abîmes ;   20
Ô mer, nul ne connaît tes richesses intimes,
Tant vous êtes jaloux de garder vos secrets !

Et cependant voilà des siècles innombrables
Que vous vous combattez sans pitié ni remords,
Tellement vous aimez le carnage et la mort,   25
Ô lutteurs éternels, ô frères implacables !

XV.
DON JUAN AUX ENFERS

Quand Don Juan descendit vers l'onde souterraine
Et lorsqu'il eut donné son obole[1] à Charon[2],
Un sombre mendiant, l'œil fier comme Antisthène,
D'un bras vengeur et fort saisit chaque aviron.

Montrant leurs seins pendants et leurs robes ouvertes,   5
Des femmes se tordaient sous le noir firmament,
Et, comme un grand troupeau de victimes offertes,
Derrière lui traînaient un long mugissement.

Sganarelle[3] en riant lui réclamait ses gages,
Tandis que Don Luis[4] avec un doigt tremblant   10

---

1. **Obole :** pièce de monnaie que les Grecs glissaient dans la bouche du mort pour qu'il paye son passage à Charon.
2. **Charon :** dans la mythologie grecque, passeur qui transportait les morts de l'autre côté de l'Achéron, fleuve des Enfers.
3. **Sganarelle :** valet de Dom Juan.
4. **Don Luis :** père de Dom Juan.

Montrait à tous les morts errant sur les rivages
Le fils audacieux qui railla son front blanc.

Frissonnant sous son deuil, la chaste et maigre Elvire[1],
Près de l'époux perfide et qui fut son amant,
15 Semblait lui réclamer un suprême sourire
Où brillât la douceur de son premier serment.

Tout droit dans son armure, un grand homme de pierre
Se tenait à la barre et coupait le flot noir ;
Mais le calme héros, courbé sur sa rapière[2],
20 Regardait le sillage et ne daignait rien voir.

XVI.
CHÂTIMENT
DE L'ORGUEIL

En ces temps merveilleux où la Théologie
Fleurit avec le plus de sève et d'énergie,
On raconte qu'un jour un docteur des plus grands,
— Après avoir forcé les cœurs indifférents ;
5 Les avoir remués dans leurs profondeurs noires ;
Après avoir franchi vers les célestes gloires
Des chemins singuliers à lui-même inconnus,
Où les purs Esprits seuls peut-être étaient venus, —
Comme un homme monté trop haut, pris de panique,
10 S'écria, transporté d'un orgueil satanique :
« Jésus, petit Jésus ! je t'ai poussé bien haut !
Mais, si j'avais voulu t'attaquer au défaut
De l'armure, ta honte égalerait ta gloire,
Et tu ne serais plus qu'un fœtus dérisoire ! »

---

1. **Elvire :** épouse abandonnée de Dom Juan.
2. **Rapière :** épée.

Immédiatement sa raison s'en alla.   15
L'éclat de ce soleil d'un crêpe [1] se voila ;
Tout le chaos roula dans cette intelligence,
Temple autrefois vivant, plein d'ordre et d'opulence,
Sous les plafonds duquel tant de pompe avait lui.
Le silence et la nuit s'installèrent en lui,   20
Comme dans un caveau dont la clef est perdue.
Dès lors il fut semblable aux bêtes de la rue,
Et, quand il s'en allait sans rien voir, à travers
Les champs, sans distinguer les étés des hivers,
Sale, inutile et laid comme une chose usée,   25
Il faisait des enfants la joie et la risée.

XVII.
LA BEAUTÉ

Je suis belle, ô mortels ! comme un rêve de pierre,
Et mon sein, où chacun s'est meurtri tour à tour,
Est fait pour inspirer au poète un amour
Éternel et muet ainsi que la matière.

Je trône dans l'azur comme un sphinx incompris ;   5
J'unis un cœur de neige à la blancheur des cygnes ;
Je hais le mouvement qui déplace les lignes,
Et jamais je ne pleure et jamais je ne ris.

Les poètes, devant mes grandes attitudes,
Que j'ai l'air d'emprunter aux plus fiers monuments,   10
Consumeront leurs jours en d'austères études ;

Car j'ai, pour fasciner ces dociles amants,
De purs miroirs qui font toutes choses plus belles :
Mes yeux, mes larges yeux aux clartés éternelles !

---

1. **Crêpe :** tissu léger d'aspect crêpé ; morceau de tissu noir que l'on porte
   en signe de deuil (le mot a les deux sens).

XVIII.
L'IDÉAL

Ce ne seront jamais ces beautés de vignettes[1],
Produits avariés, nés d'un siècle vaurien,
Ces pieds à brodequins, ces doigts à castagnettes,
Qui sauront satisfaire un cœur comme le mien.

5 Je laisse à Gavarni[2], poète des chloroses[3],
Son troupeau gazouillant de beautés d'hôpital,
Car je ne puis trouver parmi ces pâles roses
Une fleur qui ressemble à mon rouge idéal.

Ce qu'il faut à ce cœur profond comme un abîme,
10 C'est vous, Lady Macbeth[4], âme puissante au crime,
Rêve d'Eschyle[5] éclos au climat des autans[6],

Ou bien toi, grande Nuit, fille de Michel-Ange,
Qui tors paisiblement dans une pose étrange
Tes appas façonnés aux bouches des Titans[7].

---

1. **Vignettes :** ornements et petites estampes qu'on met principalement sur la première page d'un livre.
2. **Gavarni :** dessinateur français contemporain de Baudelaire, collaborateur du *Charivari*. Connu pour ses portraits de lorettes.
3. **Chloroses :** anémies des jeunes filles qui se manifestent par la pâleur.
4. **Lady Macbeth :** personnage d'une tragédie de Shakespeare qui pousse son mari à assassiner le roi d'Écosse pour prendre sa place.
5. **Eschyle :** premier poète tragique grec dont les œuvres soient parvenues jusqu'à nous.
6. **Autans :** vents orageux du sud de la France.
7. **Titans :** géants de l'âge d'or dans la mythologie grecque, qui voulurent escalader le ciel pour détrôner Zeus, ils furent foudroyés et jetés au plus profond des Enfers.

XIX.
LA GÉANTE

Du temps que la Nature en sa verve puissante
Concevait chaque jour des enfants monstrueux,
J'eusse aimé vivre auprès d'une jeune géante,
Comme aux pieds d'une reine un chat voluptueux.

J'eusse aimé voir son corps fleurir avec son âme   5
Et grandir librement dans ses terribles jeux ;
Deviner si son cœur couve une sombre flamme
Aux humides brouillards qui nagent dans ses yeux ;

Parcourir à loisir ses magnifiques formes ;
Ramper sur le versant de ses genoux énormes,   10
Et parfois en été, quand les soleils malsains,

Lasse, la font s'étendre à travers la campagne,
Dormir nonchalamment à l'ombre de ses seins,
Comme un hameau paisible au pied d'une montagne.

Clefs d'analyse

La Géante (XIX)

Compréhension

Progression du poème

- Montrez que ce poème à forme fixe suit les règles du sonnet.
- Retrouvez la structure grammaticale de ce texte en vous appuyant sur les deux verbes conjugués (v. 2, v. 5).
- Montrez que la progression d'une strophe à une autre suit la croissance de la géante (naissance, jeunesse, maturité, vieillesse).

Les comparaisons

- Relevez les comparants qui s'appliquent à la géante, ceux qui s'appliquent au poète (v. 3-4, v. 13-14).
- Faites apparaître la symétrie des vers 4 et 14.
- Montrez comment la géante devient la nature elle-même.

Réflexion

La nostalgie

- Commentez le subjonctif plus-que-parfait des deux verbes conjugués.
- Replacez la figure de la géante dans l'imaginaire baudelairien et montrez que l'évocation de l'enfance du monde (l'âge d'or) est une image du paradis originel.

À retenir :

Ce poème chante l'harmonie des éléments du monde et l'accord de l'homme avec la nature que consacre une union sereine avec la femme dans son appartenance fondamentale au cycle de la nature. La symbiose du monde et du moi s'associe à une image de la fertilité poétique (« dans sa verve puissante »).

XX.
LE MASQUE

STATUE ALLÉGORIQUE
DANS LE GOÛT DE LA RENAISSANCE

À Ernest Christophe, statuaire.

Contemplons ce trésor de grâces florentines ;
Dans l'ondulation de ce corps musculeux
L'Élégance et la Force abondent, sœurs divines.
Cette femme, morceau vraiment miraculeux,
Divinement robuste, adorablement mince,   5
Est faite pour trôner sur des lits somptueux
Et charmer les loisirs d'un pontife [1] ou d'un prince.

— Aussi, vois ce souris [2] fin et voluptueux
Où la Fatuité promène son extase ;
Ce long regard sournois, langoureux et moqueur ;   10
Ce visage mignard, tout encadré de gaze,
Dont chaque trait nous dit avec un air vainqueur :
« La Volupté m'appelle et l'Amour me couronne ! »
À cet être doué de tant de majesté
Vois quel charme excitant la gentillesse donne !   15
Approchons, et tournons autour de sa beauté.

Ô blasphème de l'art ! ô surprise fatale !
La femme au corps divin, promettant le bonheur,
Par le haut se termine en monstre bicéphale !
— Mais non ! ce n'est qu'un masque, un décor suborneur [3], 20
Ce visage éclairé d'une exquise grimace,
Et, regarde, voici, crispée atrocement,
La véritable tête, et la sincère face
Renversée à l'abri de la face qui ment.

---

1. **Pontife :** dignitaire religieux.
2. **Souris :** sourire (vieux).
3. **Suborneur :** séducteur, trompeur.

25 Pauvre grande beauté ! le magnifique fleuve
De tes pleurs aboutit dans mon cœur soucieux ;
Ton mensonge m'enivre, et mon âme s'abreuve
Aux flots que la Douleur fait jaillir de tes yeux !

— Mais pourquoi pleure-t-elle ? Elle, beauté parfaite,
30 Qui mettrait à ses pieds le genre humain vaincu,
Quel mal mystérieux ronge son flanc d'athlète ?

— Elle pleure, insensé, parce qu'elle a vécu !
Et parce qu'elle vit ! Mais ce qu'elle déplore
Surtout, ce qui la fait frémir jusqu'aux genoux,
35 C'est que demain, hélas ! il faudra vivre encore !
Demain, après-demain et toujours ! — comme nous !

XXI.
HYMNE À LA BEAUTÉ

Viens-tu du ciel profond ou sors-tu de l'abîme,
Ô Beauté ? ton regard, infernal et divin,
Verse confusément le bienfait et le crime,
Et l'on peut pour cela te comparer au vin.

5 Tu contiens dans ton œil le couchant et l'aurore ;
Tu répands des parfums comme un soir orageux ;
Tes baisers sont un philtre et ta bouche une amphore
Qui font le héros lâche et l'enfant courageux.

Sors-tu du gouffre noir ou descends-tu des astres ?
10 Le Destin charmé suit tes jupons comme un chien ;
Tu sèmes au hasard la joie et les désastres,
Et tu gouvernes tout et ne réponds de rien.

Tu marches sur des morts, Beauté, dont tu te moques ;
De tes bijoux l'Horreur n'est pas le moins charmant,
15 Et le Meurtre, parmi tes plus chères breloques,
Sur ton ventre orgueilleux danse amoureusement.

L'éphémère[1] ébloui vole vers toi, chandelle,
Crépite, flambe et dit : Bénissons ce flambeau !
L'amoureux pantelant incliné sur sa belle
A l'air d'un moribond caressant son tombeau.   20

Que tu viennes du ciel ou de l'enfer, qu'importe,
Ô Beauté ! monstre énorme, effrayant, ingénu !
Si ton œil, ton souris[2], ton pied, m'ouvrent la porte
D'un Infini que j'aime et n'ai jamais connu ?

De Satan ou de Dieu, qu'importe ? Ange ou Sirène,   25
Qu'importe, si tu rends, − fée aux yeux de velours,
Rythme, parfum, lueur, ô mon unique reine ! −
L'univers moins hideux et les instants moins lourds ?

XXII.
PARFUM EXOTIQUE

Quand, les deux yeux fermés, en un soir chaud d'automne,
Je respire l'odeur de ton sein chaleureux,
Je vois se dérouler des rivages heureux
Qu'éblouissent les feux d'un soleil monotone ;

Une île paresseuse où la nature donne   5
Des arbres singuliers et des fruits savoureux ;
Des hommes dont le corps est mince et vigoureux,
Et des femmes dont l'œil par sa franchise étonne.

Guidé par ton odeur vers de charmants climats,
Je vois un port rempli de voiles et de mâts   10
Encor tout fatigués par la vague marine,

---

1. **Éphémère** : insecte qui ne vit qu'un jour ou deux.
2. **Souris** : sourire (vieux).

Pendant que le parfum des verts tamariniers[1],
Qui circule dans l'air et m'enfle la narine,
Se mêle dans mon âme au chant des mariniers.

XXIII.
LA CHEVELURE

Ô toison, moutonnant jusque sur l'encolure !
Ô boucles ! Ô parfum chargé de nonchaloir[2] !
Extase ! Pour peupler ce soir l'alcôve obscure
Des souvenirs dormant dans cette chevelure,
5 Je la veux agiter dans l'air comme un mouchoir !

La langoureuse Asie et la brûlante Afrique,
Tout un monde lointain, absent, presque défunt,
Vit dans tes profondeurs, forêt aromatique !
Comme d'autres esprits voguent sur la musique,
10 Le mien, ô mon amour ! nage sur ton parfum.

J'irai là-bas où l'arbre et l'homme, pleins de sève,
Se pâment longuement sous l'ardeur des climats ;
Fortes tresses, soyez la houle qui m'enlève !
Tu contiens, mer d'ébène, un éblouissant rêve
15 De voiles, de rameurs, de flammes et de mâts :

Un port retentissant où mon âme peut boire
À grands flots le parfum, le son et la couleur ;
Où les vaisseaux, glissant dans l'or et dans la moire[3],
Ouvrent leurs vastes bras pour embrasser la gloire
20 D'un ciel pur où frémit l'éternelle chaleur.

---

1. **Tamariniers** : arbres tropicaux cultivés pour leur fruit acidulé.
2. **Nonchaloir** : nonchalance, lenteur naturelle (vieux).
3. **Moire** : étoffe à reflets changeants.

Je plongerai ma tête amoureuse d'ivresse
Dans ce noir océan où l'autre est enfermé ;
Et mon esprit subtil que le roulis caresse
Saura vous retrouver, ô féconde paresse,
Infinis bercements du loisir embaumé !　　　　25

Cheveux bleus, pavillon[1] de ténèbres tendues,
Vous me rendez l'azur du ciel immense et rond ;
Sur les bords duvetés de vos mèches tordues
Je m'enivre ardemment des senteurs confondues
De l'huile de coco, du musc[2] et du goudron.　　　30

Longtemps ! toujours ! ma main dans ta crinière lourde
Sèmera le rubis, la perle et le saphir,
Afin qu'à mon désir tu ne sois jamais sourde !
N'es-tu pas l'oasis où je rêve, et la gourde
Où je hume à longs traits le vin du souvenir ?　　　35

XXIV

Je t'adore à l'égal de la voûte nocturne,
Ô vase de tristesse, ô grande taciturne,
Et t'aime d'autant plus, belle, que tu me fuis,
Et que tu me parais, ornement de mes nuits,
Plus ironiquement accumuler les lieues　　　　5
Qui séparent mes bras des immensités bleues.

Je m'avance à l'attaque, et je grimpe aux assauts,
Comme après un cadavre un chœur de vermisseaux,
Et je chéris, ô bête implacable et cruelle !
Jusqu'à cette froideur par où tu m'es plus belle !　　　10

---

1. **Pavillon :** tente.
2. **Musc :** parfum oriental.

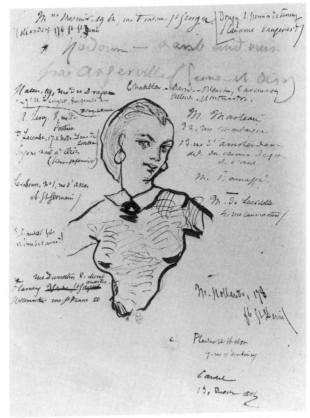

Portrait de Jeanne Duval, dessin de Charles Baudelaire,
vers 1858-1860.

XXV

Tu mettrais l'univers entier dans ta ruelle[1],
Femme impure ! L'ennui rend ton âme cruelle.
Pour exercer tes dents à ce jeu singulier,
Il te faut chaque jour un cœur au râtelier[2].
Tes yeux, illuminés ainsi que des boutiques   5
Et des ifs flamboyants dans les fêtes publiques,
Usent insolemment d'un pouvoir emprunté,
Sans connaître jamais la loi de leur beauté.

Machine aveugle et sourde, en cruautés féconde !
Salutaire instrument, buveur du sang du monde,   10
Comment n'as-tu pas honte et comment n'as-tu pas
Devant tous les miroirs vu pâlir tes appas[3] ?
La grandeur de ce mal où tu te crois savante
Ne t'a donc jamais fait reculer d'épouvante,
Quand la nature, grande en ses desseins cachés,   15
De toi se sert, ô femme, ô reine des péchés,
– De toi, vil animal, – pour pétrir un génie ?

Ô fangeuse grandeur ! sublime ignominie !

---

1. **Ruelle :** espace laissé entre le lit et le mur, alcôve de certaines dames de qualité servant de salon de conversation au XVIIᵉ siècle.
2. **Râtelier :** échelle horizontale pour mettre le foin qu'on donne aux animaux ; familier : dentier (le mot a les deux sens).
3. **Appas :** charmes physiques d'une femme (vieux et littéraire), ne pas confondre avec *appâts*.

XXVI.
SED NON SATIATA[1]

Bizarre déité, brune comme les nuits,
Au parfum mélangé de musc[2] et de havane,
Œuvre de quelque obi[3], le Faust[4] de la savane,
Sorcière au flanc d'ébène, enfant des noirs minuits,

5 Je préfère au constance[5], à l'opium, au nuits[6],
L'élixir de ta bouche où l'amour se pavane ;
Quand vers toi mes désirs partent en caravane,
Tes yeux sont la citerne où boivent mes ennuis.

Par ces deux grands yeux noirs, soupiraux de ton âme,
10 Ô démon sans pitié ! verse-moi moins de flamme ;
Je ne suis pas le Styx[7] pour t'embrasser neuf fois,

Hélas ! et je ne puis, Mégère[8] libertine,
Pour briser ton courage et te mettre aux abois,
Dans l'enfer de ton lit devenir Proserpine[9] !

---

1. **Sed non satiata** : « mais non rassasiée », citation approximative d'une phrase que le poète latin Juvénal applique à l'impératrice romaine Messaline, connue pour ses débauches.
2. **Musc** : parfum oriental.
3. **Obi** : sorcier africain.
4. **Faust** : médecin et astrologue héros de nombreuses œuvres littéraires, qui vendit son âme au démon Méphistophélès en échange du savoir et des biens terrestres.
5. **Constance** : vin du Cap en Afrique du Sud.
6. **Nuits** : nuits-saint-georges, vin de Bourgogne.
7. **Styx** : dans la mythologie grecque, le plus célèbre fleuve des Enfers qu'il enfermait neuf fois dans ses méandres.
8. **Mégère** : une des trois Érinyes, très cruelles divinités grecques de la Colère et de la Vengeance.
9. **Proserpine** : nom romain de la divinité grecque Perséphone, épouse de Hadès, dieu des Enfers.

XXVII

Avec ses vêtements ondoyants et nacrés,
Même quand elle marche on croirait qu'elle danse,
Comme ces longs serpents que les jongleurs sacrés
Au bout de leurs bâtons agitent en cadence.

Comme le sable morne et l'azur des déserts,   5
Insensibles tous deux à l'humaine souffrance,
Comme les longs réseaux de la houle des mers,
Elle se développe avec indifférence.

Ses yeux polis sont faits de minéraux charmants,
Et dans cette nature étrange et symbolique   10
Où l'ange inviolé se mêle au sphinx antique,

Où tout n'est qu'or, acier, lumière et diamants,
Resplendit à jamais, comme un astre inutile,
La froide majesté de la femme stérile.

XXVIII.
LE SERPENT QUI DANSE

Que j'aime voir, chère indolente,
    De ton corps si beau,
Comme une étoffe vacillante,
    Miroiter la peau !

Sur ta chevelure profonde   5
    Aux âcres parfums,
Mer odorante et vagabonde
    Aux flots bleus et bruns

Comme un navire qui s'éveille
    Au vent du matin,   10
Mon âme rêveuse appareille
    Pour un ciel lointain.

Spleen et Idéal

Tes yeux, où rien ne se révèle
    De doux ni d'amer,
15 Sont deux bijoux froids où se mêle
    L'or avec le fer.

À te voir marcher en cadence,
    Belle d'abandon,
On dirait un serpent qui danse
20   Au bout d'un bâton.

Sous le fardeau de ta paresse
    Ta tête d'enfant
Se balance avec la mollesse
    D'un jeune éléphant,

25 Et ton corps se penche et s'allonge
    Comme un fin vaisseau
Qui roule bord sur bord et plonge
    Ses vergues[1] dans l'eau.

Comme un flot grossi par la fonte
30   Des glaciers grondants,
Quand l'eau de ta bouche remonte
    Au bord de tes dents,

Je crois boire un vin de Bohême,
    Amer et vainqueur,
35 Un ciel liquide qui parsème
    D'étoiles mon cœur !

---

1. **Vergues :** montants de bois fixés au mât pour soutenir et orienter la
   voile (terme de marine).

XXIX.
UNE CHAROGNE

Rappelez-vous l'objet que nous vîmes, mon âme,
  Ce beau matin d'été si doux :
Au détour d'un sentier une charogne infâme
  Sur un lit semé de cailloux,

Les jambes en l'air, comme une femme lubrique,
  Brûlante et suant les poisons,
Ouvrait d'une façon nonchalante et cynique
  Son ventre plein d'exhalaisons[1].

Le soleil rayonnait sur cette pourriture,
  Comme afin de la cuire à point,
Et de rendre au centuple à la grande Nature
  Tout ce qu'ensemble elle avait joint ;

Et le ciel regardait la carcasse superbe
  Comme une fleur s'épanouir.
La puanteur était si forte, que sur l'herbe
  Vous crûtes vous évanouir.

Les mouches bourdonnaient sur ce ventre putride[2],
  D'où sortaient de noirs bataillons
De larves, qui coulaient comme un épais liquide
  Le long de ces vivants haillons.

Tout cela descendait, montait comme une vague,
  Ou s'élançait en pétillant ;
On eût dit que le corps, enflé d'un souffle vague,
  Vivait en se multipliant.

---

1. **Exhalaisons :** gaz ou odeurs qui s'exhalent d'un corps.
2. **Putride :** en état de pourriture.

25 Et ce monde rendait une étrange musique,
    Comme l'eau courante et le vent,
Ou le grain qu'un vanneur[1] d'un mouvement rythmique
    Agite et tourne dans son van[2].

Les formes s'effaçaient et n'étaient plus qu'un rêve,
30   Une ébauche lente à venir,
Sur la toile oubliée, et que l'artiste achève
    Seulement par le souvenir.

Derrière les rochers une chienne inquiète
    Nous regardait d'un œil fâché,
35 Épiant le moment de reprendre au squelette
    Le morceau qu'elle avait lâché.

— Et pourtant vous serez semblable à cette ordure,
    À cette horrible infection,
Étoile de mes yeux, soleil de ma nature,
40   Vous, mon ange et ma passion !

Oui ! telle vous serez, ô la reine des grâces,
    Après les derniers sacrements,
Quand vous irez, sous l'herbe et les floraisons grasses,
    Moisir parmi les ossements.

45 Alors, ô ma beauté ! dites à la vermine
    Qui vous mangera de baisers,
Que j'ai gardé la forme et l'essence divine
    De mes amours décomposés !

---

1. **Vanneur :** personne qui secoue le grain pour le séparer de la poussière et des déchets.
2. **Van :** panier plat en osier pour vanner.

XXX.
DE PROFUNDIS CLAMAVI[1]

J'implore ta pitié, Toi, l'unique que j'aime,
Du fond du gouffre obscur où mon cœur est tombé.
C'est un univers morne à l'horizon plombé,
Où nagent dans la nuit l'horreur et le blasphème ;

Un soleil sans chaleur plane au-dessus six mois,   5
Et les six autres mois la nuit couvre la terre ;
C'est un pays plus nu que la terre polaire ;
– Ni bêtes, ni ruisseaux, ni verdure, ni bois !

Or il n'est pas d'horreur au monde qui surpasse
La froide cruauté de ce soleil de glace   10
Et cette immense nuit semblable au vieux Chaos[2] ;

Je jalouse le sort des plus vils animaux
Qui peuvent se plonger dans un sommeil stupide,
Tant l'écheveau du temps lentement se dévide !

XXXI.
LE VAMPIRE

Toi qui, comme un coup de couteau,
Dans mon cœur plaintif es entrée ;
Toi qui, forte comme un troupeau
De démons, vins, folle et parée,

---

1. ***De profundis clamavi*** : « des profondeurs j'ai crié », formule latine empruntée de manière ironique et provocante aux premiers mots d'un psaume chanté pour la liturgie des défunts.
2. **Chaos** : le plus ancien des dieux de la mythologie grecques, père de l'Érèbe et de la Nuit.

5 De mon esprit humilié
Faire ton lit et ton domaine ;
— Infâme à qui je suis lié
Comme le forçat à la chaîne,

Comme au jeu le joueur têtu,
10 Comme à la bouteille l'ivrogne,
Comme aux vermines la charogne,
— Maudite, maudite sois-tu !

J'ai prié le glaive rapide
De conquérir ma liberté,
15 Et j'ai dit au poison perfide
De secourir ma lâcheté.

Hélas ! le poison et le glaive
M'ont pris en dédain et m'ont dit :
« Tu n'es pas digne qu'on t'enlève
20 À ton esclavage maudit,

« Imbécile ! — de son empire
Si nos efforts te délivraient,
Tes baisers ressusciteraient
Le cadavre de ton vampire ! »

XXXII

Une nuit que j'étais près d'une affreuse Juive,
Comme au long d'un cadavre un cadavre étendu,
Je me pris à songer près de ce corps vendu
À la triste beauté dont mon désir se prive.

5 Je me représentai sa majesté native,
Son regard de vigueur et de grâces armé,
Ses cheveux qui lui font un casque parfumé,
Et dont le souvenir pour l'amour me ravive.

Car j'eusse avec ferveur baisé ton noble corps,
Et depuis tes pieds frais jusqu'à tes noires tresses   10
Déroulé le trésor des profondes caresses,

Si, quelque soir, d'un pleur obtenu sans effort
Tu pouvais seulement, ô reine des cruelles !
Obscurcir la splendeur de tes froides prunelles.

XXXIII.
REMORDS POSTHUME [1]

Lorsque tu dormiras, ma belle ténébreuse,
Au fond d'un monument construit en marbre noir,
Et lorsque tu n'auras pour alcôve et manoir
Qu'un caveau pluvieux et qu'une fosse creuse ;

Quand la pierre, opprimant ta poitrine peureuse   5
Et tes flancs qu'assouplit un charmant nonchaloir [2],
Empêchera ton cœur de battre et de vouloir,
Et tes pieds de courir leur course aventureuse,

Le tombeau, confident de mon rêve infini
(Car le tombeau toujours comprendra le poète),   10
Durant ces grandes nuits d'où le somme est banni,

Te dira : « Que vous sert, courtisane [3] imparfaite,
De n'avoir pas connu ce que pleurent les morts ? »
— Et le vers rongera ta peau comme un remords.

---

1. **Posthume :** après la mort.
2. **Nonchaloir :** nonchalance, lenteur naturelle (vieux).
3. **Courtisane :** prostituée d'un rang social élevé.

XXXIV.
LE CHAT

Viens, mon beau chat, sur mon cœur amoureux ;
    Retiens les griffes de ta patte,
Et laisse-moi plonger dans tes beaux yeux,
    Mêlés de métal et d'agate.

5 Lorsque mes doigts caressent à loisir
    Ta tête et ton dos élastique,
Et que ma main s'enivre du plaisir
    De palper ton corps électrique,

Je vois ma femme en esprit. Son regard,
10   Comme le tien, aimable bête,
Profond et froid, coupe et fend comme un dard,

    Et, des pieds jusques à la tête,
Un air subtil, un dangereux parfum
    Nagent autour de son corps brun.

XXXV.
DUELLUM [1]

Deux guerriers ont couru l'un sur l'autre, leurs armes
Ont éclaboussé l'air de lueurs et de sang.
Ces jeux, ces cliquetis du fer sont les vacarmes
D'une jeunesse en proie à l'amour vagissant.

5 Les glaives sont brisés ! comme notre jeunesse,
Ma chère ! Mais les dents, les ongles acérés,

---

1. **Duellum :** forme archaïque de *bellum* « la guerre ».

Vengent bientôt l'épée et la dague traîtresse.
Ô fureur des cœurs mûrs par l'amour ulcérés[1] !

Dans le ravin hanté des chats-pards[2] et des onces[3]
Nos héros, s'étreignant méchamment, ont roulé,   10
Et leur peau fleurira l'aridité des ronces.

— Ce gouffre, c'est l'enfer, de nos amis peuplé !
Roulons-y sans remords, amazone[4] inhumaine,
Afin d'éterniser l'ardeur de notre haine !

XXXVI.
LE BALCON

Mère des souvenirs, maîtresse des maîtresses,
Ô toi, tous mes plaisirs ! ô toi, tous mes devoirs !
Tu te rappelleras la beauté des caresses,
La douceur du foyer et le charme des soirs,
Mère des souvenirs, maîtresse des maîtresses !   5

Les soirs illuminés par l'ardeur du charbon,
Et les soirs au balcon, voilés de vapeurs roses.
Que ton sein m'était doux ! que ton cœur m'était bon !
Nous avons dit souvent d'impérissables choses
Les soirs illuminés par l'ardeur du charbon.   10

Que les soleils sont beaux dans les chaudes soirées !
Que l'espace est profond ! que le cœur est puissant !
En me penchant vers toi, reine des adorées,
Je croyais respirer le parfum de ton sang.
Que les soleils sont beaux dans les chaudes soirées !   15

---

1. **Ulcérés :** à qui l'on a fait une plaie (sens ancien et étymologique).
2. **Chats-pards :** carnassiers d'Afrique, appelés *lynx du Portugal*.
3. **Onces :** grands félins des forêts, appelés *panthères des neiges*.
4. **Amazone :** femme guerrière légendaire.

La nuit s'épaississait ainsi qu'une cloison,
Et mes yeux dans le noir devinaient tes prunelles,
Et je buvais ton souffle, ô douceur ! ô poison !
Et tes pieds s'endormaient dans mes mains fraternelles.
20   La nuit s'épaississait ainsi qu'une cloison.

Je sais l'art d'évoquer les minutes heureuses,
Et revis mon passé blotti dans tes genoux.
Car à quoi bon chercher tes beautés langoureuses
Ailleurs qu'en ton cher corps et qu'en ton cœur si doux ?
25   Je sais l'art d'évoquer les minutes heureuses !

Ces serments, ces parfums, ces baisers infinis,
Renaîtront-ils d'un gouffre interdit à nos sondes,
Comme montent au ciel les soleils rajeunis
Après s'être lavés au fond des mers profondes ?
30   — Ô serments ! ô parfums ! ô baisers infinis !

XXXVII.
LE POSSÉDÉ

Le soleil s'est couvert d'un crêpe[1]. Comme lui,
Ô Lune de ma vie ! emmitoufle-toi d'ombre ;
Dors ou fume à ton gré ; sois muette, sois sombre,
Et plonge tout entière au gouffre de l'Ennui ;

5   Je t'aime ainsi ! Pourtant, si tu veux aujourd'hui,
Comme un astre éclipsé qui sort de la pénombre,
Te pavaner aux lieux que la Folie encombre,
C'est bien ! Charmant poignard, jailli de ton étui !

Allume ta prunelle à la flamme des lustres !
10   Allume le désir dans les regards des rustres !
Tout de toi m'est plaisir, morbide ou pétulant ;

---

1. **Crêpe :** tissu léger d'aspect crêpé ; morceau de tissu noir que l'on porte
en signe de deuil (le mot a les deux sens).

Sois ce que tu voudras, nuit noire, rouge aurore ;
Il n'est pas une fibre en tout mon corps tremblant
Qui ne crie : *Ô mon cher Belzébuth*[1], *je t'adore !*

XXXVIII.
UN FANTÔME

I. LES TÉNÈBRES

Dans les caveaux d'insondable tristesse
Où le Destin m'a déjà relégué ;
Où jamais n'entre un rayon rose et gai ;
Où, seul avec la Nuit, maussade hôtesse,

Je suis comme un peintre qu'un Dieu moqueur   5
Condamne à peindre, hélas ! sur les ténèbres ;
Où, cuisinier aux appétits funèbres,
Je fais bouillir et je mange mon cœur,

Par instants brille, et s'allonge, et s'étale
Un spectre fait de grâce et de splendeur.   10
À sa rêveuse allure orientale,

Quand il atteint sa totale grandeur,
Je reconnais ma belle visiteuse :
C'est Elle ! noire et pourtant lumineuse.

II. LE PARFUM

Lecteur, as-tu quelquefois respiré   15
Avec ivresse et lente gourmandise
Ce grain d'encens qui remplit une église,
Ou d'un sachet le musc[2] invétéré[3] ?

---

1. **Belzébuth :** Satan.
2. **Musc :** parfum d'Orient.
3. **Invétéré :** qui s'est fortifié avec le temps.

Charme profond, magique, dont nous grise
20 Dans le présent le passé restauré !
Ainsi l'amant sur un corps adoré
Du souvenir cueille la fleur exquise.

De ses cheveux élastiques et lourds,
Vivant sachet, encensoir de l'alcôve,
25 Une senteur montait, sauvage et fauve,

Et des habits, mousseline ou velours,
Tout imprégnés de sa jeunesse pure,
Se dégageait un parfum de fourrure.

III. Le Cadre

Comme un beau cadre ajoute à la peinture,
30 Bien qu'elle soit d'un pinceau très vanté,
Je ne sais quoi d'étrange et d'enchanté
En l'isolant de l'immense nature,

Ainsi bijoux, meubles, métaux, dorure,
S'adaptaient juste à sa rare beauté ;
35 Rien n'offusquait sa parfaite clarté,
Et tout semblait lui servir de bordure.

Même on eût dit parfois qu'elle croyait
Que tout voulait l'aimer ; elle noyait
Sa nudité voluptueusement

40 Dans les baisers du satin et du linge,
Et, lente ou brusque, à chaque mouvement
Montrait la grâce enfantine du singe.

IV. Le Portrait

La Maladie et la Mort font des cendres
De tout le feu qui pour nous flamboya.
45 De ces grands yeux si fervents et si tendres,
De cette bouche où mon cœur se noya,

De ces baisers puissants comme un dictame [1],
De ces transports plus vifs que des rayons,
Que reste-t-il ? C'est affreux, ô mon âme !
Rien qu'un dessin fort pâle, aux trois crayons,   50

Qui, comme moi, meurt dans la solitude,
Et que le Temps, injurieux vieillard,
Chaque jour frotte avec son aile rude...

Noir assassin de la Vie et de l'Art,
Tu ne tueras jamais dans ma mémoire   55
Celle qui fut mon plaisir et ma gloire !

XXXIX

Je te donne ces vers afin que si mon nom
Aborde heureusement aux époques lointaines,
Et fait rêver un soir les cervelles humaines,
Vaisseau favorisé par un grand aquilon [2],

Ta mémoire, pareille aux fables incertaines,   5
Fatigue le lecteur ainsi qu'un tympanon [3],
Et par un fraternel et mystique chaînon
Reste comme pendue à mes rimes hautaines [4] ;

Être maudit à qui, de l'abîme profond
Jusqu'au plus haut du ciel, rien, hors moi, ne répond ! 10
— Ô toi qui, comme une ombre à la trace éphémère,

Foules d'un pied léger et d'un regard serein
Les stupides mortels qui t'ont jugée amère,
Statue aux yeux de jais [5], grand ange au front d'airain !

---

1. **Dictame :** plante calmant les blessures.
2. **Aquilon :** vent violent du nord.
3. **Tympanon :** ancêtre du clavecin (vieux).
4. **Hautaines :** de haut style (latinisme).
5. **Jais :** pierre noire et brillante.

XL.
SEMPER EADEM [1]

« D'où vous vient, disiez-vous, cette tristesse étrange,
Montant comme la mer sur le roc noir et nu ? »
— Quand notre cœur a fait une fois sa vendange,
Vivre est un mal. C'est un secret de tous connu,

5   Une douleur très simple et non mystérieuse,
Et, comme votre joie, éclatante pour tous.
Cessez donc de chercher, ô belle curieuse !
Et, bien que votre voix soit douce, taisez-vous !

Taisez-vous, ignorante ! âme toujours ravie !
10   Bouche au rire enfantin ! Plus encor que la Vie,
La Mort nous tient souvent par des liens subtils.

Laissez, laissez mon cœur s'enivrer d'un *mensonge*,
Plonger dans vos beaux yeux comme dans un beau songe,
Et sommeiller longtemps à l'ombre de vos cils !

XLI.
TOUT ENTIÈRE

Le Démon, dans ma chambre haute,
Ce matin est venu me voir,
Et, tâchant à me prendre en faute,
Me dit : « Je voudrais bien savoir

5   « Parmi toutes les belles choses
Dont est fait son enchantement,

---

1. ***Semper eadem :*** « toujours la même femme », ou « toujours semblable à elle-même ».

Parmi les objets noirs ou roses
Qui composent son corps charmant,

« Quel est le plus doux. » – Ô mon âme !
Tu répondis à l'Abhorré :   10
« Puisqu'en Elle tout est dictame [1]
Rien ne peut être préféré.

« Lorsque tout me ravit, j'ignore
Si quelque chose me séduit.
Elle éblouit comme l'Aurore   15
Et console comme la Nuit ;

« Et l'harmonie est trop exquise,
Qui gouverne tout son beau corps,
Pour que l'impuissante analyse
En note les nombreux accords.   20

Ô métamorphose mystique
De tous mes sens fondus en un !
Son haleine fait la musique,
Comme sa voix fait le parfum ! »

XLII

Que diras-tu ce soir, pauvre âme solitaire,
Que diras-tu, mon cœur, cœur autrefois flétri,
À la très belle, à la très bonne, à la très chère,
Dont le regard divin t'a soudain refleuri ?

– Nous mettrons notre orgueil à chanter ses louanges :   5
Rien ne vaut la douceur de son autorité ;
Sa chair spirituelle a le parfum des Anges,
Et son œil nous revêt d'un habit de clarté.

---

1. **Dictame :** plante d'ornement aromatique aux fleurs blanches, dont
les feuilles sont réputées calmer les blessures.

Que ce soit dans la nuit et dans la solitude,
10 Que ce soit dans la rue et dans la multitude,
Son fantôme dans l'air danse comme un flambeau.

Parfois il parle et dit : « Je suis belle, et j'ordonne
Que pour l'amour de moi vous n'aimiez que le Beau ;
Je suis l'Ange gardien, la Muse et la Madone[1]. »

XLIII.
LE FLAMBEAU VIVANT

Ils marchent devant moi, ces Yeux pleins de lumières,
Qu'un Ange très savant a sans doute aimantés ;
Ils marchent, ces divins frères qui sont mes frères,
Secouant dans mes yeux leurs feux diamantés.

5 Me sauvant de tout piège et de tout péché grave,
Ils conduisent mes pas dans la route du Beau ;
Ils sont mes serviteurs et je suis leur esclave ;
Tout mon être obéit à ce vivant flambeau.

Charmants Yeux, vous brillez de la clarté mystique
10 Qu'ont les cierges brûlant en plein jour ; le soleil
Rougit, mais n'éteint pas leur flamme fantastique ;

Ils célèbrent la Mort, vous chantez le Réveil ;
Vous marchez en chantant le réveil de mon âme,
Astres dont nul soleil ne peut flétrir la flamme !

---

1. **Madone :** nom donné à la Vierge Marie, mère du Christ (de l'italien *ma donna*, ma dame).

XLIV.
RÉVERSIBILITÉ [1]

Ange plein de gaieté, connaissez-vous l'angoisse,
La honte, les remords, les sanglots, les ennuis,
Et les vagues terreurs de ces affreuses nuits
Qui compriment le cœur comme un papier qu'on froisse ?
Ange plein de gaieté, connaissez-vous l'angoisse ?   5

Ange plein de bonté, connaissez-vous la haine,
Les poings crispés dans l'ombre et les larmes de fiel,
Quand la Vengeance bat son infernal rappel,
Et de nos facultés se fait le capitaine ?
Ange plein de bonté, connaissez-vous la haine ?   10

Ange plein de santé, connaissez-vous les Fièvres,
Qui, le long des grands murs de l'hospice blafard,
Comme des exilés, s'en vont d'un pied traînard,
Cherchant le soleil rare et remuant les lèvres ?
Ange plein de santé, connaissez-vous les Fièvres ?   15

Ange plein de beauté, connaissez-vous les rides,
Et la peur de vieillir, et ce hideux tourment
De lire la secrète horreur du dévouement
Dans des yeux où longtemps burent nos yeux avides !
Ange plein de beauté, connaissez-vous les rides ?   20

Ange plein de bonheur, de joie et de lumières,
David mourant aurait demandé la santé
Aux émanations de ton corps enchanté ;
Mais de toi je n'implore, ange, que tes prières,
Ange plein de bonheur, de joie et de lumières !   25

---

1. **Réversibilité :** terme de théologie qui désigne la possibilité de faire
bénéficier d'autres êtres du bien que l'on fait. Les mérites des saints
servent à diminuer les peines des hommes, comme l'innocent peut
payer pour le criminel.

XLV.
CONFESSION

Une fois, une seule, aimable et douce femme,
    À mon bras votre bras poli
S'appuya (sur le fond ténébreux de mon âme
    Ce souvenir n'est point pâli) ;

5   Il était tard ; ainsi qu'une médaille neuve
    La pleine lune s'étalait,
Et la solennité de la nuit, comme un fleuve,
    Sur Paris dormant ruisselait.

Et le long des maisons, sous les portes cochères,
10   Des chats passaient furtivement
L'oreille au guet, ou bien, comme des ombres chères,
    Nous accompagnaient lentement.

Tout à coup, au milieu de l'intimité libre
    Éclose à la pâle clarté,
15   De vous, riche et sonore instrument où ne vibre
    Que la radieuse gaieté,

De vous, claire et joyeuse ainsi qu'une fanfare
    Dans le matin étincelant,
Une note plaintive, une note bizarre
20   S'échappa, tout en chancelant

Comme une enfant chétive, horrible, sombre, immonde,
    Dont sa famille rougirait,
Et qu'elle aurait longtemps, pour la cacher au monde,
    Dans un caveau mise au secret.

25   Pauvre ange, elle chantait, votre note criarde :
    « Que rien ici-bas n'est certain,
Et que toujours, avec quelque soin qu'il se farde,
    Se trahit l'égoïsme humain ;

Que c'est un dur métier que d'être belle femme,
30   Et que c'est le travail banal

De la danseuse folle et froide qui se pâme
  Dans un sourire machinal ;

« Que bâtir sur les cœurs est une chose sotte ;
  Que tout craque, amour et beauté,
Jusqu'à ce que l'Oubli les jette dans sa hotte   35
  Pour les rendre à l'Éternité ! »

J'ai souvent évoqué cette lune enchantée,
  Ce silence et cette langueur,
Et cette confidence horrible chuchotée
  Au confessionnal[1] du cœur.   40

XLVI.
L'AUBE SPIRITUELLE

Quand chez les débauchés l'aube blanche et vermeille[2]
Entre en société[3] de l'Idéal rongeur,
Par l'opération d'un mystère vengeur
Dans la brute assoupie un ange se réveille.

Des Cieux Spirituels l'inaccessible azur,   5
Pour l'homme terrassé qui rêve encore et souffre,
S'ouvre et s'enfonce avec l'attirance du gouffre.
Ainsi, chère Déesse, Être lucide[4] et pur,

Sur les débris fumeux des stupides orgies
Ton souvenir plus clair, plus rose, plus charmant,   10
À mes yeux agrandis voltige incessamment.

Le soleil a noirci la flamme des bougies ;
Ainsi, toujours vainqueur, ton fantôme est pareil,
Âme resplendissante, à l'immortel soleil !

---

1. **Confessionnal :** isoloir où le prêtre entend la confession du pénitent.
2. **Vermeille :** d'un rouge éclatant.
3. **Société :** compagnie habituelle (sens classique).
4. **Lucide :** au sens étymologique, lumineux (*lux*, lumière).

XLVII.
HARMONIE DU SOIR

Voici venir les temps où vibrant sur sa tige
Chaque fleur s'évapore ainsi qu'un encensoir[1] ;
Les sons et les parfums tournent dans l'air du soir ;
Valse mélancolique et langoureux vertige !

5 Chaque fleur s'évapore ainsi qu'un encensoir ;
Le violon frémit comme un cœur qu'on afflige ;
Valse mélancolique et langoureux vertige !
Le ciel est triste et beau comme un grand reposoir[2].

Le violon frémit comme un cœur qu'on afflige,
10 Un cœur tendre, qui hait le néant vaste et noir !
Le ciel est triste et beau comme un grand reposoir ;
Le soleil s'est noyé dans son sang qui se fige.

Un cœur tendre, qui hait le néant vaste et noir,
Du passé lumineux recueille tout vestige !
15 Le soleil s'est noyé dans son sang qui se fige...
Ton souvenir en moi luit comme un ostensoir[3] !

---

1. **Encensoir :** cassolette dans laquelle on brûle l'encens au cours des cérémonies religieuses.
2. **Reposoir :** autel sur lequel sont posés les objets nécessaires à la communion.
3. **Ostensoir :** pièce d'orfèvrerie contenant l'hostie consacrée.

Clefs d'analyse

Harmonie du soir (XLVII)

Compréhension

Poème à forme fixe

- Observez le phénomène de reprise des vers d'une strophe à l'autre, caractéristique du « pantoum ».

Poème musical

- Observez le tissage des sens et des sonorités dans les mots à la rime.
- Relevez les allitérations en « v » et en « s », les assonances en « i ».

Réflexion

Les thèmes entrelacés

- Montrez comment la répétition systématique est en harmonie avec les thèmes du poème (retour cyclique du temps, tournoiement de la fête, fusion de la réalité dans la magie du souvenir).

Les correspondances

- Montrez comment le tourbillon de la valse est lié à l'impression de glissement des sensations.
- Montrez comment le recours au vocabulaire religieux suggère une correspondance entre le monde naturel et le monde spirituel.

À retenir :

Les diverses émotions (sentimentale, esthétique, religieuse) sont étroitement liées aux suggestions des sons et à la musique du poème. Dans le dernier vers, l'image de l'être aimé (ton souvenir) se confond avec celle de l'hostie (ostensoir) et devient l'objet d'une extase mystique. Le passage du crépuscule à la nuit est le moment privilégié où s'expriment les correspondances et où l'émotion humaine s'élargit en expérience cosmique.

XLVIII.
LE FLACON

Il est de forts parfums pour qui toute matière
Est poreuse. On dirait qu'ils pénètrent le verre.
En ouvrant un coffret venu de l'Orient
Dont la serrure grince et rechigne en criant,

5 Ou dans une maison déserte quelque armoire
Pleine de l'âcre odeur des temps, poudreuse et noire,
Parfois on trouve un vieux flacon qui se souvient,
D'où jaillit toute vive une âme qui revient.

Mille pensers[1] dormaient, chrysalides[2] funèbres,
10 Frémissant doucement dans les lourdes ténèbres,
Qui dégagent leur aile et prennent leur essor,
Teintés d'azur, glacés de rose, lamés d'or.

Voilà le souvenir enivrant qui voltige
Dans l'air troublé ; les yeux se ferment ; le Vertige
15 Saisit l'âme vaincue et la pousse à deux mains
Vers un gouffre obscurci de miasmes[3] humains ;

Il la terrasse au bord d'un gouffre séculaire[4],
Où, Lazare[5] odorant déchirant son suaire,
Se meut dans son réveil le cadavre spectral
20 D'un vieil amour ranci, charmant et sépulcral.

Ainsi, quand je serai perdu dans la mémoire
Des hommes, dans le coin d'une sinistre armoire
Quand on m'aura jeté, vieux flacon désolé,
Décrépit, poudreux, sale, abject, visqueux, fêlé,

---

1. **Pensers :** pensées, terme ancien et poétique.
2. **Chrysalides :** enveloppes des chenilles avant qu'elles ne deviennent papillons.
3. **Miasmes :** émanations dégageant une odeur désagréable.
4. **Séculaire :** qui existe depuis plusieurs siècles.
5. **Lazare :** selon les Évangiles, Lazare était au tombeau depuis quatre jours quand Jésus le ressuscita en lui disant « Lève-toi ».

Je serai ton cercueil, aimable pestilence ! 25
Le témoin de ta force et de ta virulence,
Cher poison préparé par les anges ! liqueur
Qui me ronge, ô la vie et la mort de mon cœur !

XLIX.
LE POISON

Le vin sait revêtir le plus sordide bouge [1]
    D'un luxe miraculeux,
Et fait surgir plus d'un portique [2] fabuleux
    Dans l'or de sa vapeur rouge,
Comme un soleil couchant dans un ciel nébuleux. 5

L'opium agrandit ce qui n'a pas de bornes,
    Allonge l'illimité,
Approfondit le temps, creuse la volupté,
    Et de plaisirs noirs et mornes
Remplit l'âme au-delà de sa capacité. 10

Tout cela ne vaut pas le poison qui découle
    De tes yeux, de tes yeux verts,
Lacs où mon âme tremble et se voit à l'envers…
    Mes songes viennent en foule
Pour se désaltérer à ces gouffres amers. 15

Tout cela ne vaut pas le terrible prodige
    De ta salive qui mord,
Qui plonge dans l'oubli mon âme sans remords,
    Et, charriant [3] le vertige,
La route défaillante aux rives de la mort ! 20

---

1. **Bouge :** bar misérable et mal fréquenté.
2. **Portique :** galerie soutenue par des colonnes.
3. **Charriant :** transportant, déversant.

L.
CIEL BROUILLÉ

On dirait ton regard d'une vapeur couvert ;
Ton œil mystérieux (est-il bleu, gris ou vert ?)
Alternativement tendre, rêveur, cruel,
Réfléchit l'indolence et la pâleur du ciel.

5 Tu rappelles ces jours blancs, tièdes et voilés,
Qui font se fondre en pleurs les cœurs ensorcelés,
Quand, agités d'un mal inconnu qui les tord,
Les nerfs trop éveillés raillent[1] l'esprit qui dort.

Tu ressembles parfois à ces beaux horizons
10 Qu'allument les soleils des brumeuses saisons...
Comme tu resplendis, paysage mouillé
Qu'enflamment les rayons tombant d'un ciel brouillé !

Ô femme dangereuse, ô séduisants climats !
Adorerai-je aussi ta neige et vos frimas[2],
15 Et saurai-je tirer de l'implacable hiver
Des plaisirs plus aigus que la glace et le fer ?

LI.
LE CHAT

I

Dans ma cervelle se promène,
Ainsi qu'en son appartement,
Un beau chat, fort, doux et charmant.
Quand il miaule, on l'entend à peine,

---

1. **Raillent :** se moquent.
2. **Frimas :** brouillard froid et épais qui glace en tombant.

82

Tant son timbre est tendre et discret ;　　　　　5
Mais que sa voix s'apaise ou gronde,
Elle est toujours riche et profonde.
C'est là son charme et son secret.

Cette voix, qui perle et qui filtre
Dans mon fonds le plus ténébreux,　　　　　10
Me remplit comme un vers nombreux[1]
Et me réjouit comme un philtre[2].

Elle endort les plus cruels maux
Et contient toutes les extases ;
Pour dire les plus longues phrases,　　　　　15
Elle n'a pas besoin de mots.

Non, il n'est pas d'archet qui morde
Sur mon cœur, parfait instrument,
Et fasse plus royalement
Chanter sa plus vibrante corde,　　　　　20

Que ta voix, chat mystérieux,
Chat séraphique[3], chat étrange,
En qui tout est, comme en un ange,
Aussi subtil qu'harmonieux !

II

De sa fourrure blonde et brune　　　　　25
Sort un parfum si doux, qu'un soir
J'en fus embaumé, pour l'avoir
Caressée une fois, rien qu'une.

---

1. **Nombreux :** qui flatte l'oreille par le choix et l'arrangement des mots, cadencé (littéraire).
2. **Philtre :** breuvage magique propre à inspirer l'amour (ne pas confondre avec *filtre*).
3. **Séraphique :** angélique (les Séraphins sont au premier rang de la hiérarchie des anges).

C'est l'esprit familier du lieu ;
30 Il juge, il préside, il inspire
Toutes choses dans son empire ;
Peut-être est-il fée, est-il dieu ?

Quand mes yeux, vers ce chat que j'aime
Tirés comme par un aimant,
35 Se retournent docilement
Et que je regarde en moi-même,

Je vois avec étonnement
Le feu de ses prunelles pâles,
Clairs fanaux[1], vivantes opales[2],
40 Qui me contemplent fixement.

LII.
LE BEAU NAVIRE

Je veux te raconter, ô molle enchanteresse !
Les diverses beautés qui parent ta jeunesse ;
    Je veux te peindre ta beauté,
Où l'enfance s'allie à la maturité.

5 Quand tu vas balayant l'air de ta jupe large,
Tu fais l'effet d'un beau vaisseau qui prend le large,
    Chargé de toile, et va roulant
Suivant un rythme doux, et paresseux, et lent.

Sur ton cou large et rond, sur tes épaules grasses,
10 Ta tête se pavane avec d'étranges grâces ;
    D'un air placide et triomphant
Tu passes ton chemin, majestueuse enfant.

Je veux te raconter, ô molle enchanteresse !
Les diverses beautés qui parent ta jeunesse ;

---

1. **Fanaux** : grosses lanternes.
2. **Opales** : pierres semi-précieuses à reflets irisés.

Je veux te peindre ta beauté,   15
Où l'enfance s'allie à la maturité.

Ta gorge qui s'avance et qui pousse la moire[1],
Ta gorge triomphante est une belle armoire
   Dont les panneaux bombés et clairs
Comme les boucliers accrochent des éclairs ;   20

Boucliers provocants, armés de pointes roses !
Armoire à doux secrets, pleine de bonnes choses,
   De vins, de parfums, de liqueurs
Qui feraient délirer les cerveaux et les cœurs !

Quand tu vas balayant l'air de ta jupe large,   25
Tu fais l'effet d'un beau vaisseau qui prend le large,
   Chargé de toile, et va roulant
Suivant un rythme doux, et paresseux, et lent.

Tes nobles jambes, sous les volants qu'elles chassent,
Tourmentent les désirs obscurs et les agacent,   30
   Comme deux sorcières qui font
Tourner un philtre[2] noir dans un vase profond.

Tes bras, qui se joueraient des précoces hercules[3],
Sont des boas luisants les solides émules[4],
   Faits pour serrer obstinément,   35
Comme pour l'imprimer dans ton cœur, ton amant.

Sur ton cou large et rond, sur tes épaules grasses,
Ta tête se pavane avec d'étranges grâces ;
   D'un air placide et triomphant
Tu passes ton chemin, majestueuse enfant.   40

---

1. **Moire :** étoffe à reflets changeants.
2. **Philtre :** breuvage magique propre à inspirer l'amour (ne pas confondre avec *filtre*).
3. **Précoces hercules :** allusion mythologique à l'exploit d'Hercule dans son berceau, qui étouffa à mains nues les serpents envoyés par Héra.
4. **Émules :** imitateurs.

LIII.
L'INVITATION
AU VOYAGE

Mon enfant, ma sœur,
Songe à la douceur
D'aller là-bas vivre ensemble !
Aimer à loisir,
5   Aimer et mourir
Au pays qui te ressemble !
Les soleils mouillés
De ces ciels brouillés
Pour mon esprit ont les charmes
10   Si mystérieux
De tes traîtres yeux,
Brillant à travers leurs larmes.

Là, tout n'est qu'ordre et beauté,
Luxe, calme et volupté.

15 Des meubles luisants,
Polis par les ans,
Décoreraient notre chambre ;
Les plus rares fleurs
Mêlant leurs odeurs
20 Aux vagues senteurs de l'ambre[1],
Les riches plafonds,
Les miroirs profonds,
La splendeur orientale,
Tout y parlerait
25   À l'âme en secret
Sa douce langue natale.

Là, tout n'est qu'ordre et beauté
Luxe, calme et volupté.

---

1. **Ambre :** parfum oriental.

Vois sur ces canaux
Dormir ces vaisseaux
Dont l'humeur est vagabonde ;
C'est pour assouvir
Ton moindre désir
Qu'ils viennent du bout du monde.
– Les soleils couchants
Revêtent les champs,
Les canaux, la ville entière,
D'hyacinthe[1] et d'or ;
Le monde s'endort
Dans une chaude lumière.   40

Là, tout n'est qu'ordre et beauté,
Luxe, calme et volupté.

LIV.
L'IRRÉPARABLE

Pouvons-nous étouffer le vieux, le long Remords,
    Qui vit, s'agite et se tortille,
Et se nourrit de nous comme le ver des morts,
    Comme du chêne la chenille ?
Pouvons-nous étouffer l'implacable Remords ?   5

Dans quel philtre[2], dans quel vin, dans quelle tisane,
    Noierons-nous ce vieil ennemi,
Destructeur et gourmand comme la courtisane[3],
    Patient comme la fourmi ?
Dans quel philtre ? – dans quel vin ? – dans quelle tisane ?   10

---

1. **Hyacinthe :** nom d'une pierre précieuse et nom ancien de la jacinthe,
   par extension désigne une couleur de bleu tirant sur le violet.
2. **Philtre :** breuvage magique propre à inspirer l'amour.
3. **Courtisane :** prostituée d'un rang social élevé.

Dis-le, belle sorcière, oh ! dis, si tu le sais,
    À cet esprit comblé d'angoisse
Et pareil au mourant qu'écrasent les blessés,
    Que le sabot du cheval froisse,
15 Dis-le, belle sorcière, oh ! dis, si tu le sais,

À cet agonisant que le loup déjà flaire
    Et que surveille le corbeau,
À ce soldat brisé ! s'il faut qu'il désespère
    D'avoir sa croix et son tombeau ;
20 Ce pauvre agonisant que déjà le loup flaire !

Peut-on illuminer un ciel bourbeux et noir ?
    Peut-on déchirer des ténèbres
Plus denses que la poix[1], sans matin et sans soir,
    Sans astres, sans éclairs funèbres ?
25 Peut-on illuminer un ciel bourbeux et noir ?

L'Espérance qui brille aux carreaux de l'Auberge
    Est soufflée, est morte à jamais !
Sans lune et sans rayons, trouver où l'on héberge
    Les martyrs d'un chemin mauvais !
30 Le Diable a tout éteint aux carreaux de l'Auberge !

Adorable sorcière, aimes-tu les damnés ?
    Dis, connais-tu l'irrémissible[2] ?
Connais-tu le Remords, aux traits empoisonnés,
    À qui notre cœur sert de cible ?
35 Adorable sorcière, aimes-tu les damnés ?

L'Irréparable ronge avec sa dent maudite
    Notre âme, piteux monument[3],
Et souvent il attaque ainsi que le termite,
    Par la base le bâtiment.
40 L'Irréparable ronge avec sa dent maudite !

---

1. **Poix** : sorte de goudron.
2. **Irrémissible** : qui ne peut obtenir de pardon (la rémission des péchés).
3. **Monument** : sens ancien de tombeau.

— J'ai vu parfois, au fond d'un théâtre banal
    Qu'enflammait l'orchestre sonore,
Une fée allumer dans un ciel infernal
    Une miraculeuse aurore ;
J'ai vu parfois au fond d'un théâtre banal   45

Un être, qui n'était que lumière, or et gaze[1],
    Terrasser l'énorme Satan ;
Mais mon cœur, que jamais ne visite l'extase,
    Est un théâtre où l'on attend
Toujours, toujours en vain, l'Être aux ailes de gaze !   50

LV.
CAUSERIE

Vous êtes un beau ciel d'automne, clair et rose !
Mais la tristesse en moi monte comme la mer,
Et laisse, en refluant, sur ma lèvre morose
Le souvenir cuisant de son limon[2] amer.

— Ta main se glisse en vain sur mon sein qui se pâme ;   5
Ce qu'elle cherche, amie, est un lieu saccagé
Par la griffe et la dent féroce de la femme.
Ne cherchez plus mon cœur ; les bêtes l'ont mangé.

Mon cœur est un palais flétri par la cohue ;
On s'y soûle, on s'y tue, on s'y prend aux cheveux !   10
— Un parfum nage autour de votre gorge nue !....

Ô Beauté, dur fléau des âmes, tu le veux !
Avec tes yeux de feu, brillants comme des fêtes,
Calcine ces lambeaux qu'ont épargnés les bêtes !

---

1. **Gaze :** étoffe légère comme un voile.
2. **Limon :** particules fertiles entraînées par les eaux qui se déposent sur le lit et les rives d'un fleuve.

LVI.
CHANT D'AUTOMNE

I

Bientôt nous plongerons dans les froides ténèbres ;
Adieu, vive clarté de nos étés trop courts !
J'entends déjà tomber avec des chocs funèbres
Le bois retentissant sur le pavé des cours.

5 Tout l'hiver va rentrer dans mon être : colère,
Haine, frissons, horreur, labeur dur et forcé,
Et, comme le soleil dans son enfer polaire,
Mon cœur ne sera plus qu'un bloc rouge et glacé.

J'écoute en frémissant chaque bûche qui tombe ;
10 L'échafaud[1] qu'on bâtit n'a pas d'écho plus sourd.
Mon esprit est pareil à la tour qui succombe
Sous les coups du bélier[2] infatigable et lourd.

Il me semble, bercé par ce choc monotone,
Qu'on cloue en grande hâte un cercueil quelque part.
15 Pour qui ? – C'était hier l'été ; voici l'automne !
Ce bruit mystérieux sonne comme un départ.

II

J'aime de vos longs yeux la lumière verdâtre,
Douce beauté, mais tout aujourd'hui m'est amer,
Et rien, ni votre amour, ni le boudoir, ni l'âtre,
20 Ne me vaut le soleil rayonnant sur la mer.

Et pourtant aimez-moi, tendre cœur ! soyez mère,
Même pour un ingrat, même pour un méchant ;

---

1. **Échafaud :** estrade sur laquelle on procédait aux exécutions par décapitation.
2. **Bélier :** machine de guerre pour défoncer les murs et les portes d'un lieu assiégé.

Amante ou sœur, soyez la douceur éphémère
D'un glorieux automne ou d'un soleil couchant.

Courte tâche ! La tombe attend ; elle est avide !　　　25
Ah ! laissez-moi, mon front posé sur vos genoux,
Goûter, en regrettant l'été blanc et torride,
De l'arrière-saison le rayon jaune et doux !

LVII.
À UNE MADONE [1]

Ex-voto [2] DANS LE GOÛT ESPAGNOL

Je veux bâtir pour toi, Madone, ma maîtresse,
Un autel souterrain au fond de ma détresse,
Et creuser dans le coin le plus noir de mon cœur,
Loin du désir mondain et du regard moqueur,
Une niche, d'azur et d'or tout émaillée,　　　　　5
Où tu te dresseras, Statue émerveillée.
Avec mes Vers polis, treillis d'un pur métal
Savamment constellé de rimes de cristal,
Je ferai pour ta tête une énorme Couronne ;
Et dans ma Jalousie, ô mortelle Madone,　　　　10
Je saurai te tailler un Manteau, de façon
Barbare, roide et lourd, et doublé de soupçon,
Qui, comme une guérite [3], enfermera tes charmes ;
Non de Perles brodé, mais de toutes mes Larmes !
Ta Robe, ce sera mon Désir, frémissant,　　　　15
Onduleux, mon Désir qui monte et qui descend,
Aux pointes se balance, aux vallons se repose,

---

1. **Madone :** nom donné à la Vierge Marie, mère du Christ (de l'italien *ma donna*, ma dame).
2. *Ex-voto* : (du latin *ex voto*, en conséquence d'un vœu) plaque sur laquelle on grave un remerciement et qu'on suspend dans une église.
3. **Guérite :** abri destiné aux sentinelles.

Et revêt d'un baiser tout ton corps blanc et rose.
Je te ferai de mon Respect de beaux Souliers
20 De satin, par tes pieds divins humiliés,
Qui, les emprisonnant dans une molle étreinte,
Comme un moule fidèle en garderont l'empreinte.
Si je ne puis, malgré tout mon art diligent,
Pour Marchepied tailler une Lune d'argent,
25 Je mettrai le Serpent qui me mord les entrailles
Sous tes talons, afin que tu foules et railles,
Reine victorieuse et féconde en rachats,
Ce monstre tout gonflé de haine et de crachats.
Tu verras mes Pensers, rangés comme les Cierges
30 Devant l'autel fleuri de la Reine des Vierges,
Étoilant de reflets le plafond peint en bleu,
Te regarder toujours avec des yeux de feu ;
Et comme tout en moi te chérit et t'admire,
Tout se fera Benjoin[1], Encens, Oliban[2], Myrrhe[3],
35 Et sans cesse vers toi, sommet blanc et neigeux,
En Vapeurs montera mon Esprit orageux.

Enfin, pour compléter ton rôle de Marie,
Et pour mêler l'amour avec la barbarie,
Volupté noire ! des sept Péchés capitaux,
40 Bourreau plein de remords, je ferai sept Couteaux
Bien affilés, et comme un jongleur insensible,
Prenant le plus profond de ton amour pour cible,
Je les planterai tous dans ton Cœur pantelant,
Dans ton Cœur sanglotant, dans ton Cœur ruisselant !

---

1. **Benjoin :** parfum oriental.
2. **Oliban :** encens, résine que l'on brûle dans les cérémonies religieuses.
3. **Myrrhe :** parfum oriental.

LVIII.
CHANSON
D'APRÈS-MIDI

Quoique tes sourcils méchants
Te donnent un air étrange
Qui n'est pas celui d'un ange,
Sorcière aux yeux alléchants,

Je t'adore, ô ma frivole,   5
Ma terrible passion !
Avec la dévotion
Du prêtre pour son idole.

Le désert et la forêt
Embaument tes tresses rudes,   10
Ta tête a les attitudes
De l'énigme et du secret.

Sur ta chair le parfum rôde
Comme autour d'un encensoir[1] ;
Tu charmes comme le soir,   15
Nymphe[2] ténébreuse et chaude.

Ah ! les philtres[3] les plus forts
Ne valent pas ta paresse,
Et tu connais la caresse
Qui fait revivre les morts !   20

Tes hanches sont amoureuses
De ton dos et de tes seins,

---

1. **Encensoir :** cassolette dans laquelle on brûle l'encens au cours des cérémonies religieuses.
2. **Nymphe :** dans la mythologie grecque, divinité féminine personnifiant la nature et liée à l'eau.
3. **Philtres :** breuvages magiques propres à inspirer l'amour (ne pas confondre avec *filtre*).

Et tu ravis les coussins
Par tes poses langoureuses.

25 Quelquefois, pour apaiser
Ta rage mystérieuse,
Tu prodigues, sérieuse,
La morsure et le baiser ;

Tu me déchires, ma brune,
30 Avec un rire moqueur,
Et puis tu mets sur mon cœur
Ton œil doux comme la lune.

Sous tes souliers de satin,
Sous tes charmants pieds de soie,
35 Moi, je mets ma grande joie,
Mon génie et mon destin,

Mon âme par toi guérie,
Par toi, lumière et couleur !
Explosion de chaleur
40 Dans ma noire Sibérie !

LIX.
SISINA [1]

Imaginez Diane [2] en galant équipage,
Parcourant les forêts ou battant les halliers [3],
Cheveux et gorge au vent, s'enivrant de tapage,
Superbe et défiant les meilleurs cavaliers !

---

1. **Sisina** : allusion à Elisa Neri, actrice et peut-être espionne qui était une amie de Mme Sabatier.
2. **Diane** : déesse de la Chasse et des Forêts dans la mythologie grecque.
3. **Halliers** : gros buissons touffus où se réfugie le gibier.

Avez-vous vu Théroigne[1], amante du carnage,   5
Excitant à l'assaut un peuple sans souliers,
La joue et l'œil en feu, jouant son personnage,
Et montant, sabre au poing, les royaux escaliers ?

Telle la Sisina ! Mais la douce guerrière
A l'âme charitable autant que meurtrière ;   10
Son courage, affolé de poudre et de tambours,

Devant les suppliants sait mettre bas les armes,
Et son cœur, ravagé par la flamme, a toujours,
Pour qui s'en montre digne, un réservoir de larmes.

LX.
FRANCISCÆ
MEÆ LAUDES[2]

Novis te cantabo chordis,
O novelletum quod ludis
In solitudine cordis.

Esto sertis implicata,
O femina delicata   5
Per quam solvuntur peccata !

Sicut beneficum Lethe,
Hauriam oscula de te,
Quæ imbuta es magnete.

Quum vitiorum tempestas   10
Turbabat omnes semitas,
Apparuisti, Deitas,

---

1. **Théroigne :** Théroigne de Méricourt (1762-1817), révolutionnaire qui
s'est distinguée lors de la prise de la Bastille et des Tuileries, surnom-
mée « l'amazone de la liberté ».
2. ***Franciscae meae laudes :*** louanges de ma Françoise.

Velut stella salutaris
In naufragiis amaris...
15 *Suspendam cor tuis aris !*

Piscina plena virtutis,
Fons æternæ juventutis
Labris vocem redde mutis !

Quod erat spurcum, cremasti ;
20 *Quod rudius, exæquasti ;*
Quod debile, confirmasti.

In fame mea taberna,
In nocte mea lucerna,
Recte me semper guberna.

25 *Adde nunc vires viribus,*
Dulce balneum suavibus
Unguentatum odoribus !

Meos circa lumbos mica,
O castitatis lorica,
30 *Aqua tincta seraphica ;*

Patera gemmis corusca,
Panis salsus, mollis esca,
Divinum vinum, Francisca !

LOUANGES
DE MA FRANÇOISE

Je te chanterai sur des cordes nouvelles,
Ô ma bichette qui te joues
Dans la solitude de mon cœur.

Sois parée de guirlandes,
5 Ô femme délicieuse
Par qui les péchés sont remis !

Comme d'un bienfaisant Léthé[1],
Je puiserai des baisers de toi
Qui es imprégnée d'aimant.

Quand la tempête des vices   10
Troublait toutes les routes,
Tu m'es apparue, Déité,

Comme une étoile salutaire
Dans les naufrages amers…
– Je suspendrai mon cœur à tes autels !   15

Piscine pleine de vertu,
Fontaine d'éternelle jouvence,
Rends la voix à mes lèvres muettes !

Ce qui était vil, tu l'as brûlé ;
Rude, tu l'as aplani ;   20
Débile, tu l'as affermi.

Dans la faim mon auberge,
Dans la nuit ma lampe,
Garde-moi toujours comme il faut.

Ajoute maintenant des forces à mes forces,   25
Doux bain parfumé
De suaves odeurs !

Brille autour de mes reins,
Ô ceinture de chasteté,
Trempée d'eau séraphique[2] ;   30

---

1. **Léthé :** fleuve d'oubli, un des fleuves des Enfers, dans la mythologie grecque. Ses eaux, au cours insensible et silencieux, avaient la propriété de faire oublier le passé à ceux qui en avaient bu une fois. Les ombres des morts, en descendant aux Enfers, devaient y boire l'oubli des maux et des plaisirs de la vie terrestre.
2. **Séraphique :** angélique (les Séraphins sont au premier rang de la hiérarchie des anges).

Coupe étincelante de pierreries,
Pain relevé de sel, mets délicat,
Vin divin, Françoise !

Trad. Jules Mouquet, 1933.

LXI.
À UNE DAME CRÉOLE

Au pays parfumé que le soleil caresse,
J'ai connu, sous un dais d'arbres tout empourprés
Et de palmiers d'où pleut sur les yeux la paresse,
Une dame créole aux charmes ignorés.

5 Son teint est pâle et chaud ; la brune enchanteresse
A dans le cou des airs noblement maniérés ;
Grande et svelte en marchant comme une chasseresse,
Son sourire est tranquille et ses yeux assurés.

Si vous alliez, Madame, au vrai pays de gloire,
10 Sur les bords de la Seine ou de la verte Loire,
Belle digne d'orner les antiques manoirs,

Vous feriez, à l'abri des ombreuses retraites,
Germer mille sonnets dans le cœur des poètes,
Que vos grands yeux rendraient plus soumis que vos noirs.

LXII.
MŒSTA
ET ERRABUNDA [1]

Dis-moi, ton cœur parfois s'envole-t-il, Agathe,
Loin du noir océan de l'immonde cité,
Vers un autre océan où la splendeur éclate,
Bleu, clair, profond, ainsi que la virginité ?
Dis-moi, ton cœur parfois s'envole-t-il, Agathe ?   5

La mer, la vaste mer, console nos labeurs !
Quel démon a doté la mer, rauque chanteuse
Qu'accompagne l'immense orgue des vents grondeurs,
De cette fonction sublime de berceuse ?
La mer, la vaste mer, console nos labeurs !   10

Emporte-moi, wagon ! enlève-moi, frégate [2] !
Loin ! loin ! ici la boue est faite de nos pleurs !
— Est-il vrai que parfois le triste cœur d'Agathe
Dise : Loin des remords, des crimes, des douleurs,
Emporte-moi, wagon, enlève-moi, frégate ?   15

Comme vous êtes loin, paradis parfumé,
Où sous un clair azur tout n'est qu'amour et joie,
Où tout ce que l'on aime est digne d'être aimé,
Où dans la volupté pure le cœur se noie !
Comme vous êtes loin, paradis parfumé !   20

Mais le vert paradis des amours enfantines,
Les courses, les chansons, les baisers, les bouquets,
Les violons vibrant derrière les collines,
Avec les brocs de vin, le soir, dans les bosquets,
— Mais le vert paradis des amours enfantines,   25

---

1. **Mœsta et errabunda :** triste et vagabonde.
2. **Frégate :** vaisseau rapide.

L'innocent paradis, plein de plaisirs furtifs,
Est-il déjà plus loin que l'Inde et que la Chine ?
Peut-on le rappeler avec des cris plaintifs,
Et l'animer encor d'une voix argentine,
30 L'innocent paradis plein de plaisirs furtifs ?

LXIII.
LE REVENANT

Comme les anges à l'œil fauve,
Je reviendrai dans ton alcôve
Et vers toi glisserai sans bruit
Avec les ombres de la nuit ;

5 Et je te donnerai, ma brune,
Des baisers froids comme la lune
Et des caresses de serpent
Autour d'une fosse rampant.

Quand viendra le matin livide,
10 Tu trouveras ma place vide,
Où jusqu'au soir il fera froid.

Comme d'autres par la tendresse,
Sur ta vie et sur ta jeunesse,
Moi, je veux régner par l'effroi.

LXIV.
SONNET D'AUTOMNE

Ils me disent, tes yeux, clairs comme le cristal :
« Pour toi, bizarre amant, quel est donc mon mérite ? »
— Sois charmante et tais-toi ! Mon cœur, que tout irrite,
Excepté la candeur de l'antique animal,

Ne veut pas te montrer son secret infernal,   5
Berceuse dont la main aux longs sommeils m'invite,
Ni sa noire légende avec la flamme écrite.
Je hais la passion et l'esprit me fait mal !

Aimons-nous doucement. L'Amour dans sa guérite [1],
Ténébreux, embusqué, bande son arc fatal.   10
Je connais les engins de son vieil arsenal :

Crime, horreur et folie ! – Ô pâle marguerite !
Comme moi n'es-tu pas un soleil automnal,
Ô ma si blanche, ô ma si froide Marguerite ?

LXV.
TRISTESSES DE LA LUNE

Ce soir, la lune rêve avec plus de paresse ;
Ainsi qu'une beauté, sur de nombreux coussins,
Qui d'une main distraite et légère caresse
Avant de s'endormir le contour de ses seins,

Sur le dos satiné des molles avalanches,   5
Mourante, elle se livre aux longues pâmoisons,
Et promène ses yeux sur les visions blanches
Qui montent dans l'azur comme des floraisons.

Quand parfois sur ce globe, en sa langueur oisive,
Elle laisse filer une larme furtive,   10
Un poète pieux, ennemi du sommeil,

Dans le creux de sa main prend cette larme pâle,
Aux reflets irisés comme un fragment d'opale,
Et la met dans son cœur loin des yeux du soleil.

---

1. **Guérite :** abri destiné aux sentinelles.

LXVI.
LES CHATS

Les amoureux fervents et les savants austères
Aiment également, dans leur mûre saison,
Les chats puissants et doux, orgueil de la maison,
Qui comme eux sont frileux et comme eux sédentaires.

5 Amis de la science et de la volupté,
Ils cherchent le silence et l'horreur des ténèbres ;
L'Érèbe[1] les eût pris pour ses coursiers[2] funèbres,
S'ils pouvaient au servage incliner leur fierté.

Ils prennent en songeant les nobles attitudes
10 Des grands sphinx allongés au fond des solitudes,
Qui semblent s'endormir dans un rêve sans fin ;

Leurs reins féconds sont pleins d'étincelles magiques,
Et des parcelles d'or, ainsi qu'un sable fin,
Étoilent vaguement leurs prunelles mystiques.

LXVII.
LES HIBOUX

Sous les ifs noirs qui les abritent,
Les hiboux se tiennent rangés,
Ainsi que des dieux étrangers,
Dardant leur œil rouge. Ils méditent.

5 Sans remuer ils se tiendront
Jusqu'à l'heure mélancolique

---

1. **Érèbe :** fils du Chaos et de la Nuit, Érèbe prit part à la révolte des Titans et fut précipité au plus profond des Enfers où il fut changé en fleuve. L'Érèbe désigne la partie la plus profonde des Enfers.
2. **Coursiers :** chevaux de bataille.

Où, poussant le soleil oblique,
Les ténèbres s'établiront.

Leur attitude au sage enseigne
Qu'il faut en ce monde qu'il craigne   10
Le tumulte et le mouvement ;

L'homme ivre d'une ombre qui passe
Porte toujours le châtiment
D'avoir voulu changer de place.

LXVIII.
LA PIPE

Je suis la pipe d'un auteur ;
On voit, à contempler ma mine
D'Abyssinienne[1] ou de Cafrine[2],
Que mon maître est un grand fumeur.

Quand il est comblé de douleur,   5
Je fume comme la chaumine
Où se prépare la cuisine
Pour le retour du laboureur.

J'enlace et je berce son âme
Dans le réseau mobile et bleu   10
Qui monte de ma bouche en feu,

Et je roule un puissant dictame[3]
Qui charme son cœur et guérit
De ses fatigues son esprit.

---

1. **Abyssinienne** : femme d'Abyssinie (Éthiopie).
2. **Cafrine** : femme d'Afrique du Sud.
3. **Dictame** : plante d'ornement aromatique aux fleurs blanches, dont les feuilles sont réputées calmer les blessures.

LXIX.
LA MUSIQUE

La musique souvent me prend comme une mer !
  Vers ma pâle étoile,
Sous un plafond de brume ou dans un vaste éther[1],
  Je mets à la voile ;

5 La poitrine en avant et les poumons gonflés
  Comme de la toile,
J'escalade le dos des flots amoncelés
  Que la nuit me voile ;

Je sens vibrer en moi toutes les passions
10 D'un vaisseau qui souffre ;
Le bon vent, la tempête et ses convulsions

  Sur l'immense gouffre
Me bercent. D'autres fois, calme plat, grand miroir
  De mon désespoir !

LXX.
SÉPULTURE

Si par une nuit lourde et sombre
Un bon chrétien, par charité,
Derrière quelque vieux décombre
Enterre votre corps vanté,

5 À l'heure où les chastes étoiles
Ferment leurs yeux appesantis,
L'araignée y fera ses toiles,
Et la vipère ses petits ;

---

1. **Éther :** fluide subtil qui, selon les Anciens, remplissait les espaces situés au-delà de l'atmosphère ; poétique : air, ciel.

Vous entendrez toute l'année
Sur votre tête condamnée   10
Les cris lamentables des loups

Et des sorcières faméliques[1],
Les ébats des vieillards lubriques[2]
Et les complots des noirs filous.

LXXI.
UNE GRAVURE
FANTASTIQUE

Ce spectre singulier n'a pour toute toilette,
Grotesquement campé sur son front de squelette,
Qu'un diadème affreux sentant le carnaval.
Sans éperons, sans fouet, il essouffle un cheval,
Fantôme comme lui, rosse apocalyptique,   5
Qui bave des naseaux comme un épileptique.
Au travers de l'espace ils s'enfoncent tous deux,
Et foulent l'infini d'un sabot hasardeux.
Le cavalier promène un sabre qui flamboie
Sur les foules sans nom que sa monture broie,   10
Et parcourt, comme un prince inspectant sa maison,
Le cimetière immense et froid, sans horizon,
Où gisent, aux lueurs d'un soleil blanc et terne,
Les peuples de l'histoire ancienne et moderne.

---

1. **Faméliques :** amaigries par la faim.
2. **Lubriques :** qui manifestent un penchant excessif pour les plaisirs charnels.

LXXII.
LE MORT JOYEUX

Dans une terre grasse et pleine d'escargots
Je veux creuser moi-même une fosse profonde,
Où je puisse à loisir étaler mes vieux os
Et dormir dans l'oubli comme un requin dans l'onde.

5 Je hais les testaments et je hais les tombeaux ;
Plutôt que d'implorer une larme du monde,
Vivant, j'aimerais mieux inviter les corbeaux
À saigner tous les bouts de ma carcasse immonde.

Ô vers ! noirs compagnons sans oreille et sans yeux,
10 Voyez venir à vous un mort libre et joyeux ;
Philosophes viveurs, fils de la pourriture,

À travers ma ruine allez donc sans remords,
Et dites-moi s'il est encor quelque torture
Pour ce vieux corps sans âme et mort parmi les morts !

LXXIII.
LE TONNEAU
DE LA HAINE

La Haine est le tonneau des pâles Danaïdes[1] ;
La Vengeance éperdue aux bras rouges et forts
A beau précipiter dans ses ténèbres vides
De grands seaux pleins du sang et des larmes des morts,

5 Le Démon fait des trous secrets à ces abîmes,
Par où fuiraient mille ans de sueurs et d'efforts,

---

1. **Danaïdes :** les cinquante filles de Danaos qui étaient condamnées, pour avoir assassiné leurs époux le soir de leurs noces, à remplir pour l'éternité un tonneau sans fond.

Quand même elle saurait ranimer ses victimes,
Et pour les pressurer ressusciter leurs corps.

La Haine est un ivrogne au fond d'une taverne,
Qui sent toujours la soif naître de la liqueur   10
Et se multiplier comme l'hydre de Lerne[1].

— Mais les buveurs heureux connaissent leur vainqueur,
Et la Haine est vouée à ce sort lamentable
De ne pouvoir jamais s'endormir sous la table.

LXXIV.
LA CLOCHE FÊLÉE

Il est amer et doux, pendant les nuits d'hiver,
D'écouter, près du feu qui palpite et qui fume,
Les souvenirs lointains lentement s'élever
Au bruit des carillons qui chantent dans la brume.

Bienheureuse la cloche au gosier vigoureux   5
Qui, malgré sa vieillesse, alerte et bien portante,
Jette fidèlement son cri religieux,
Ainsi qu'un vieux soldat qui veille sous la tente !

Moi, mon âme est fêlée, et lorsqu'en ses ennuis
Elle veut de ses chants peupler l'air froid des nuits,   10
Il arrive souvent que sa voix affaiblie

Semble le râle épais d'un blessé qu'on oublie
Au bord d'un lac de sang, sous un grand tas de morts,
Et qui meurt, sans bouger, dans d'immenses efforts.

---

1. **Hydre de Lerne :** monstre mythologique qui fut tué par Hercule. Ce
reptile effroyable avait sept têtes et chaque fois qu'on en coupait une,
elle repoussait immédiatement.

LXXV.
SPLEEN [1]

Pluviôse[2], irrité contre la ville entière,
De son urne à grands flots verse un froid ténébreux
Aux pâles habitants du voisin cimetière
Et la mortalité sur les faubourgs brumeux.

5 Mon chat sur le carreau cherchant une litière
Agite sans repos son corps maigre et galeux ;
L'âme d'un vieux poète erre dans la gouttière
Avec la triste voix d'un fantôme frileux.

Le bourdon[3] se lamente, et la bûche enfumée
10 Accompagne en fausset la pendule enrhumée,
Cependant qu'en un jeu plein de sales parfums,

Héritage fatal d'une vieille hydropique[4],
Le beau valet de cœur et la dame de pique
Causent sinistrement de leurs amours défunts.

---

1. **Spleen** : mot anglais pour mélancolie.
2. **Pluviôse** : mois du calendrier révolutionnaire (20 janvier-19 février).
3. **Bourdon** : cloche au son grave.
4. **Hydropique** : atteint d'hydropisie, c'est-à-dire, d'épanchement de liquide à l'intérieur du corps (vieux).

LXXVI.
SPLEEN

J'ai plus de souvenirs que si j'avais mille ans.

Un gros meuble à tiroirs encombré de bilans[1],
De vers, de billets doux, de procès, de romances,
Avec de lourds cheveux roulés dans des quittances,
Cache moins de secrets que mon triste cerveau. 5
C'est une pyramide, un immense caveau,
Qui contient plus de morts que la fosse commune.
— Je suis un cimetière abhorré de la lune,
Où comme des remords se traînent de longs vers
Qui s'acharnent toujours sur mes morts les plus chers. 10
Je suis un vieux boudoir plein de roses fanées,
Où gît tout un fouillis de modes surannées[2],
Où les pastels plaintifs et les pâles Boucher[3],
Seuls, respirent l'odeur d'un flacon débouché.

Rien n'égale en longueur les boiteuses journées, 15
Quand sous les lourds flocons des neigeuses années
L'ennui, fruit de la morne incuriosité,
Prend les proportions de l'immortalité.
— Désormais tu n'es plus, ô matière vivante !
Qu'un granit entouré d'une vague épouvante, 20
Assoupi dans le fond d'un Sahara brumeux,
Un vieux sphinx ignoré du monde insoucieux,
Oublié sur la carte, et dont l'humeur farouche
Ne chante qu'aux rayons du soleil qui se couche.

---

1. **Bilans :** documents comptables représentant l'actif et le passif d'une
société.
2. **Surannées :** démodées.
3. **Boucher :** peintre français du XVIIIᵉ siècle, spécialisé dans les scènes
pastorales ou mythologiques.

LXXVII.
SPLEEN

Je suis comme le roi d'un pays pluvieux,
Riche, mais impuissant, jeune et pourtant très vieux,
Qui, de ses précepteurs méprisant les courbettes,
S'ennuie avec ses chiens comme avec d'autres bêtes.
5 Rien ne peut l'égayer, ni gibier, ni faucon,
Ni son peuple mourant en face du balcon.
Du bouffon favori la grotesque ballade
Ne distrait plus le front de ce cruel malade ;
Son lit fleurdelisé se transforme en tombeau,
10 Et les dames d'atour[1], pour qui tout prince est beau,
Ne savent plus trouver d'impudique toilette
Pour tirer un souris[2] de ce jeune squelette.
Le savant qui lui fait de l'or n'a jamais pu
De son être extirper l'élément corrompu,
15 Et dans ces bains de sang qui des Romains nous viennent,
Et dont sur leurs vieux jours les puissants se souviennent,
Il n'a su réchauffer ce cadavre hébété
Où coule au lieu de sang l'eau verte du Léthé[3].

---

1. **Dames d'atour** : dames d'honneur qui veillent à la toilette d'une reine ou d'une princesse.
2. **Souris** : sourire (vieux).
3. **Léthé** : fleuve d'oubli, un des fleuves des Enfers, dans la mythologie grecque. Ses eaux, au cours insensible et silencieux, avaient la propriété de faire oublier le passé à ceux qui eu avaient bu une fois. Les ombres des morts, en descendant aux Enfers, devaient y boire l'oubli des maux et des plaisirs de la vie terrestre.

LXXVIII.
SPLEEN

Quand le ciel bas et lourd pèse comme un couvercle
Sur l'esprit gémissant en proie aux longs ennuis,
Et que de l'horizon embrassant tout le cercle
Il nous verse un jour noir plus triste que les nuits ;

Quand la terre est changée en un cachot humide,
Où l'Espérance, comme une chauve-souris,
S'en va battant les murs de son aile timide
Et se cognant la tête à des plafonds pourris ;

Quand la pluie étalant ses immenses traînées
D'une vaste prison imite les barreaux,
Et qu'un peuple muet d'infâmes araignées
Vient tendre ses filets au fond de nos cerveaux,

Des cloches tout à coup sautent avec furie
Et lancent vers le ciel un affreux hurlement,
Ainsi que des esprits errants et sans patrie
Qui se mettent à geindre opiniâtrement.

— Et de longs corbillards, sans tambours ni musique,
Défilent lentement dans mon âme ; l'Espoir,
Vaincu, pleure, et l'Angoisse atroce, despotique,
Sur mon crâne incliné plante son drapeau noir.

Clefs d'analyse
Spleen (LXXVIII)

Compréhension

Structure du poème

- Observez la construction grammaticale, particulièrement le parallélisme des trois premières strophes qui précisent les circonstances favorisant le spleen.

Allégorie et symbole

- Recherchez les allégories dans le texte (elles prennent une majuscule) et montrez comment elles servent à exprimer un concept au moyen d'une image.
- Explicitez les sentiments que symbolisent la chauve-souris et les araignées.
- Montrez que les images choisies pour exprimer le mal-être sont de plus en plus dramatiques et surprenantes.

Réflexion

Le spleen

- Relisez le poème en fonction de son titre comme un paysage allégorique d'un état d'âme.
- Définissez le terme *spleen* en indiquant son origine et en le mettant en relation avec le mot *mélancolie*.
- Énumérez les composantes du spleen.

À retenir :

L'abondance et l'horreur des images permettent de cerner l'angoisse du poète. Le spleen est d'abord un malaise physique lié au climat et à la sensation de claustrophobie, c'est aussi un mal moral qui atteint les facultés de l'esprit (« sur mon crâne incliné »), enfin, le mal est métaphysique (« lancent vers le ciel un affreux hurlement »).

LXXIX.
OBSESSION

Grands bois, vous m'effrayez comme des cathédrales ;
Vous hurlez comme l'orgue ; et dans nos cœurs maudits,
Chambres d'éternel deuil où vibrent de vieux râles,
Répondent les échos de vos *De profundis*[1].

Je te hais, Océan ! tes bonds et tes tumultes,   5
Mon esprit les retrouve en lui ; ce rire amer
De l'homme vaincu, plein de sanglots et d'insultes,
Je l'entends dans le rire énorme de la mer.

Comme tu me plairais, ô nuit ! sans ces étoiles
Dont la lumière parle un langage connu !   10
Car je cherche le vide, et le noir, et le nu !

Mais les ténèbres sont elles-mêmes des toiles
Où vivent, jaillissant de mon œil par milliers,
Des êtres disparus aux regards familiers.

LXXX.
LE GOÛT DU NÉANT

Morne esprit, autrefois amoureux de la lutte,
L'Espoir, dont l'éperon attisait ton ardeur,
Ne veut plus t'enfourcher ! Couche-toi sans pudeur
Vieux cheval dont le pied à chaque obstacle butte.

Résigne-toi, mon cœur ; dors ton sommeil de brute.   5

---

1. *De profundis* : formule latine empruntée aux premiers mots d'un
psaume chanté pour la liturgie des défunts.

Esprit vaincu, fourbu ! Pour toi, vieux maraudeur[1],
L'amour n'a plus de goût, non plus que la dispute ;
Adieu donc, chants du cuivre et soupirs de la flûte !
Plaisirs, ne tentez plus un cœur sombre et boudeur !

10 Le Printemps adorable a perdu son odeur !

Et le Temps m'engloutit minute par minute,
Comme la neige immense un corps pris de roideur ;
Je contemple d'en haut le globe en sa rondeur
Et je n'y cherche plus l'abri d'une cahute.

15 Avalanche, veux-tu m'emporter dans ta chute ?

LXXXI.
ALCHIMIE
DE LA DOULEUR

L'un t'éclaire avec son ardeur,
L'autre en toi met son deuil, Nature !
Ce qui dit à l'un : Sépulture !
Dit à l'autre : Vie et splendeur !

5 Hermès[2] inconnu qui m'assistes
Et qui toujours m'intimidas,
Tu me rends l'égal de Midas[3],
Le plus triste des alchimistes ;

Par toi je change l'or en fer
10 Et le paradis en enfer ;
Dans le suaire des nuages

---

1. **Maraudeur :** voleur.
2. **Hermès :** dieu de la mythologie grecque fondateur de l'alchimie.
3. **Midas :** roi légendaire qui reçut des dieux le don de changer tout ce qu'il touchait en or.

Je découvre un cadavre cher,
Et sur les célestes rivages
Je bâtis de grands sarcophages[1].

LXXXII.
HORREUR
SYMPATHIQUE

De ce ciel bizarre et livide,
Tourmenté comme ton destin,
Quels pensers dans ton âme vide
Descendent ? réponds, libertin.

— Insatiablement avide   5
De l'obscur et de l'incertain,
Je ne geindrai pas comme Ovide
Chassé du paradis latin.

Cieux déchirés comme des grèves[2]
En vous se mire mon orgueil ;   10
Vos vastes nuages en deuil

Sont les corbillards de mes rêves,
Et vos lueurs sont le reflet
De l'Enfer où mon cœur se plaît.

---

1. **Sarcophages :** cercueils de pierre.
2. **Grèves :** terrains plats couverts de gravier le long de la mer ou d'un
   cour d'eau.

LXXXIII.
L'HÉAUTONTIMOROUMÉNOS [1]

À J. G. F.

Je te frapperai sans colère
Et sans haine, comme un boucher,
Comme Moïse le rocher !
Et je ferai de ta paupière,

5   Pour abreuver mon Sahara,
Jaillir les eaux de la souffrance.
Mon désir gonflé d'espérance
Sur tes pleurs salés nagera

Comme un vaisseau qui prend le large,
10 Et dans mon cœur qu'ils soûleront
Tes chers sanglots retentiront
Comme un tambour qui bat la charge !

Ne suis-je pas un faux accord
Dans la divine symphonie,
15 Grâce à la vorace Ironie
Qui me secoue et qui me mord ?

Elle est dans ma voix, la criarde !
C'est tout mon sang, ce poison noir !
Je suis le sinistre miroir
20 Où la mégère [2] se regarde.

Je suis la plaie et le couteau !
Je suis le soufflet [3] et la joue !

---

1. **Héautontimorouménos :** titre emprunté à une comédie du poète latin Térence, « celui qui se châtie lui-même ».
2. **Mégère :** une des trois Érinyes, très cruelles divinités grecques de la Colère et de la Vengeance.
3. **Soufflet :** gifle (sens vieilli).

Je suis les membres et la roue,
Et la victime et le bourreau !

Je suis de mon cœur le vampire,
— Un de ces grands abandonnés
Au rire éternel condamnés,
Et qui ne peuvent plus sourire !

25

Clefs d'analyse
L'Héautontimorouménos (LXXXIII)

Compréhension

Situation du poème
- Montrez comment ce poème, qui vient après les textes qui consacrent la victoire du spleen, exprime l'apogée de la souffrance.

L'antithèse (rapprochement des contraires)
- Montrez que l'antithèse est la figure fondamentale du poème, aussi bien au niveau du détail (strophe 6) que de l'ensemble (bourreau et victime, pleurs et rire, divine symphonie et faux accord).

Connaissances
- Explicitez l'épisode biblique auquel le texte fait allusion en évoquant Moïse.

Réflexion

L'image du poète
- Interprétez la posture romantique du poète souffrant.

L'ironie
- Expliquez en quoi l'ironie et le dédoublement renouvellent l'expression de la douleur. Jouant l'affligé, il se moque de lui-même.
- Décrivez l'effet produit par le rapprochement du prophète et du boucher (v. 2-3).
- Explicitez la dimension symbolique du miroir (v. 19).

À retenir :
À la fin de la section « Spleen et Idéal », ce poème de la conscience dans le mal représente un tête-à-tête atroce avec soi-même.
La confession du poète se fait à la fois pathétique et ironique, car, à ce niveau de dégradation intérieure où le spleen l'a conduit, le rire devient la seule forme d'expression possible de la douleur et de l'angoisse.

LXXXIV.
L'IRRÉMÉDIABLE

I

Une Idée, une Forme, un Être
Parti de l'azur et tombé
Dans un Styx[1] bourbeux et plombé
Où nul œil du Ciel ne pénètre ;

Un Ange, imprudent voyageur   5
Qu'a tenté l'amour du difforme,
Au fond d'un cauchemar énorme
Se débattant comme un nageur,

Et luttant, angoisses funèbres !
Contre un gigantesque remous   10
Qui va chantant comme les fous
Et pirouettant dans les ténèbres ;

Un malheureux ensorcelé
Dans ses tâtonnements futiles,
Pour fuir d'un lieu plein de reptiles,   15
Cherchant la lumière et la clé ;

Un damné descendant sans lampe,
Au bord d'un gouffre dont l'odeur
Trahit l'humide profondeur
D'éternels escaliers sans rampe,   20

Où veillent des monstres visqueux
Dont les larges yeux de phosphore
Font une nuit plus noire encore
Et ne rendent visibles qu'eux ;

Un navire pris dans le pôle   25
Comme en un piège de cristal,

---

1. **Styx :** dans la mythologie grecque, le plus célèbre fleuve des Enfers
   aux eaux noires.

Cherchant par quel détroit fatal
Il est tombé dans cette geôle ;

— Emblèmes[1] nets, tableau parfait
30 D'une fortune irrémédiable,
Qui donne à penser que le Diable
Fait toujours bien tout ce qu'il fait !

II

Tête-à-tête sombre et limpide
Qu'un cœur devenu son miroir !
35 Puits de Vérité, clair et noir,
Où tremble une étoile livide,

Un phare ironique, infernal,
Flambeau des grâces sataniques,
Soulagement et gloire uniques,
40 — La conscience dans le Mal !

LXXXV.
L'HORLOGE

Horloge ! dieu sinistre, effrayant, impassible,
Dont le doigt nous menace et nous dit : « *Souviens-toi !*
Les vibrantes Douleurs dans ton cœur plein d'effroi
Se planteront bientôt comme dans une cible ;

5 « Le Plaisir vaporeux[2] fuira vers l'horizon
Ainsi qu'une sylphide[3] au fond de la coulisse ;

---

1. **Emblèmes :** figures symboliques, représentations d'une idée abstraite par des images concrètes ; allégories.
2. **Vaporeux :** réduit à l'état de vapeur.
3. **Sylphide :** déité impalpable proche de la fée, venue de la mythologie germanique, popularisée par les romantiques.

Chaque instant te dévore un morceau du délice
À chaque homme accordé pour toute sa saison.

« Trois mille six cents fois par heure, la Seconde
Chuchote : *Souviens-toi !* – Rapide, avec sa voix   10
D'insecte, Maintenant dit : Je suis Autrefois,
Et j'ai pompé ta vie avec ma trompe immonde !

« *Remember*[1] *! Souviens-toi !* prodigue ! *Esto memor*[2] !
(Mon gosier de métal parle toutes les langues.)
Les minutes, mortel folâtre, sont des gangues[3]   15
Qu'il ne faut pas lâcher sans en extraire l'or !

« *Souviens-toi* que le Temps est un joueur avide
Qui gagne sans tricher, à tout coup ! c'est la loi.
Le jour décroît ; la nuit augmente ; *souviens-toi !*
Le gouffre a toujours soif ; la clepsydre[4] se vide.   20

« Tantôt sonnera l'heure où le divin Hasard,
Où l'auguste Vertu, ton épouse encor vierge,
Où le Repentir même (oh ! la dernière auberge !),
Où tout te dira : Meurs, vieux lâche ! il est trop tard ! »

---

1. ***Remember* :** « souviens-toi » en anglais.
2. ***Esto memor* :** « souviens-toi » en latin.
3. **Gangues :** enveloppes qui dissimulent quelque chose ; matière qui entoure une pierre précieuse.
4. **Clepsydre :** horloge antique mesurant le temps par un écoulement d'eau.

Synthèse <small>Spleen et Idéal</small>

Un état intenable

La première section, « Spleen et Idéal » la plus importante par le nombre des poèmes (85 poèmes) est celle de la description d'un état intenable.

Thèmes

On distingue trois dominantes successives (par prudence, on dira *dominantes* et non *parties* parce que dans le détail les poèmes entrent plus ou moins bien dans cette représentation simplifiée de l'œuvre) :

L'art et la condition de l'artiste (I-XXI)

Plusieurs poèmes disent la grandeur et la misère du poète : « Bénédiction », « L'Albatros », « Élévation » : ce monde cruel n'est pas sa patrie qui est un ailleurs d'azur.

Quelques poèmes développent une métaphysique poétique : « Correspondances », « J'aime le souvenir... », « Les Phares ».

La misère du poète est représentée dans « La Muse malade », « La Muse vénale », « Le Mauvais Moine », « L'Ennemi », « Le Guignon », qui reprennent le thème de la fragilité de l'inspiration et de l'échec du créateur.

Les poèmes suivants ne suivent pas cette courbe dépressive, mais développent l'esthétique de Baudelaire et la recherche de son idéal de beauté : « La Beauté », « L'Idéal », « La Géante », « Hymne à la beauté ».

Le désir et la dualité de l'amour (XXII-LXV)

Les poèmes de l'amour sont répartis en cycles :

– *Le cycle de l'amour sensuel* (Jeanne Duval) va jusqu'à « Je te donne ces vers ». Les poèmes sont empreints de sensualité (« La Chevelure »), la femme est souvent représentée sous des images animales (« Le Serpent qui danse »), elle est liée aux souvenirs d'exotisme.

Synthèse Spleen et Idéal

– *Le cycle de l'amour angélique* (Mme Sabatier) comprend 9 pièces : de « *Semper eadem* » jusqu'à « Le Flacon ». Cet ensemble décrit la figure d'un amour angélique et spirituel.

– *Le cycle de l'amour sororal* (Marie Daubrun, « L'Invitation au voyage ») : l'amour est équivoque et conduit à un échec, la rencontre avec le spleen.

Le spleen et la solitude (LXVI-LXXXV)

De plus en plus accablé par le poids du spleen, le poète découvre la fêlure de son âme dans un dialogue tragique avec lui-même et avec le temps. Il y a là un aspect métaphysique où triomphe le mal.

Langage

Le sens du titre

Le titre « Spleen et Idéal » va de la douleur vers l'euphorie, alors même que les poèmes semblent aller dans l'autre sens. Il ne fait aucun doute que le spleen triomphe, les seize derniers poèmes de cette section (depuis « Sépulture », LXX, jusqu'à « L'Horloge », LXXXV) n'offrent aucune échappée vers l'idéal.

Les premiers poèmes ne forment pas un bloc d'idéal pour autant. L'orientation des poèmes est celle d'un va-et-vient entre l'idéal et le spleen, qui suit la double postulation du poète déchiré entre la pureté perdue et l'enlisement dans les tourments quotidiens qu'il appelle successivement « ennui », « guignon », « tristesse », « spleen ». Misère et grandeur de l'homme : si l'être est assailli par l'angoisse, c'est qu'il porte en lui un désir d'infini que rien ici-bas ne peut contenir.

Déchiré entre les deux pôles inconciliables, l'homme aspire à l'infini, mais, prisonnier de sa condition matérielle, il se trouve condamné à un éternel retour en lui-même. Il connaît des moments d'élévation (par l'art, l'amour ou la beauté), mais c'est toujours le spleen qui prend le dessus.

Tableaux parisiens

LXXXVI.
PAYSAGE

Je veux, pour composer chastement mes églogues[1],
Coucher auprès du ciel, comme les astrologues,
Et, voisin des clochers, écouter en rêvant
Leurs hymnes solennels emportés par le vent.
Les deux mains au menton, du haut de ma mansarde, 5
Je verrai l'atelier qui chante et qui bavarde ;
Les tuyaux, les clochers, ces mâts de la cité,
Et les grands ciels qui font rêver d'éternité.

Il est doux, à travers les brumes, de voir naître
L'étoile dans l'azur, la lampe à la fenêtre, 10
Les fleuves de charbon monter au firmament
Et la lune verser son pâle enchantement.
Je verrai les printemps, les étés, les automnes ;
Et quand viendra l'hiver aux neiges monotones,
Je fermerai partout portières et volets 15
Pour bâtir dans la nuit mes féeriques palais.
Alors je rêverai des horizons bleuâtres,
Des jardins, des jets d'eau pleurant dans les albâtres[2],
Des baisers, des oiseaux chantant soir et matin,
Et tout ce que l'Idylle[3] a de plus enfantin. 20
L'Émeute, tempêtant vainement à ma vitre,
Ne fera pas lever mon front de mon pupitre ;

---

1. **Églogues :** poésies pastorales dans la littérature latine.
2. **Albâtres :** coupes d'albâtre. L'albâtre est une pierre blanche, tendre,
   semi-transparente.
3. **Idylle :** poème proche de l'églogue.

Car je serai plongé dans cette volupté
D'évoquer le Printemps avec ma volonté,
25 De tirer un soleil de mon cœur, et de faire
De mes pensers brûlants une tiède atmosphère.

LXXXVII.
LE SOLEIL

Le long du vieux faubourg, où pendent aux masures
Les persiennes, abri des secrètes luxures,
Quand le soleil cruel frappe à traits redoublés
Sur la ville et les champs, sur les toits et les blés,
5 Je vais m'exercer seul à ma fantasque escrime,
Flairant dans tous les coins les hasards de la rime,
Trébuchant sur les mots comme sur les pavés,
Heurtant parfois des vers depuis longtemps rêvés.

Ce père nourricier, ennemi des chloroses[1],
10 Éveille dans les champs les vers comme les roses ;
Il fait s'évaporer les soucis vers le ciel,
Et remplit les cerveaux et les ruches de miel.
C'est lui qui rajeunit les porteurs de béquilles
Et les rend gais et doux comme des jeunes filles,
15 Et commande aux moissons de croître et de mûrir
Dans le cœur immortel qui toujours veut fleurir !

Quand, ainsi qu'un poète, il descend dans les villes,
Il ennoblit le sort des choses les plus viles,
Et s'introduit en roi, sans bruit et sans valets,
20 Dans tous les hôpitaux et dans tous les palais.

---

1. **Chloroses :** anémies des jeunes filles qui se manifestent par la pâleur.

LXXXVIII.
À UNE MENDIANTE
ROUSSE

Blanche fille aux cheveux roux,
Dont la robe par ses trous
Laisse voir la pauvreté
   Et la beauté,

Pour moi, poète chétif,   5
Ton jeune corps maladif,
Plein de taches de rousseur,
   A sa douceur.

Tu portes plus galamment
Qu'une reine de roman   10
Ses cothurnes[1] de velours
   Tes sabots lourds.

Au lieu d'un haillon trop court,
Qu'un superbe habit de cour
Traîne à plis bruyants et longs   15
   Sur tes talons ;

En place de bas troués,
Que pour les yeux des roués[2]
Sur ta jambe un poignard d'or
   Reluise encor ;   20

Que des nœuds mal attachés
Dévoilent pour nos péchés
Tes deux beaux seins, radieux
   Comme des yeux ;

---

1. **Cothurnes :** chaussures montantes à semelle très haute que portaient les acteurs tragiques dans l'Antiquité.
2. **Roués :** débauchés.

Illustration pour « À une mendiante rousse »,
dessin de Paul Balluriau paru dans la revue *Gil Blas*, 1ᵉʳ avril 1894.

Que pour te déshabiller   25
Tes bras se fassent prier
Et chassent à coups mutins[1]
   Les doigts lutins[2],

Perles de la plus belle eau,
Sonnets de maître Belleau[3]   30
Par tes galants mis aux fers
   Sans cesse offerts,

Valetaille[4] de rimeurs[5]
Te dédiant leurs primeurs
Et contemplant ton soulier   35
   Sous l'escalier,

Maint page épris du hasard,
Maint seigneur et maint Ronsard[6]
Épieraient pour le déduit[7]
   Ton frais réduit !   40

Tu compterais dans tes lits
Plus de baisers que de lis
Et rangerais sous tes lois
   Plus d'un Valois[8] !

– Cependant tu vas gueusant[9]   45
Quelque vieux débris gisant
Au seuil de quelque Véfour[10]
   De carrefour ;

---

1. **Mutins :** taquins.
2. **Lutins :** espiègles.
3. **Belleau :** poète de la Pléiade (1528-1577).
4. **Valetaille :** ensemble des valets (péjoratif).
5. **Rimeurs :** les poètes (péjoratif).
6. **Ronsard :** poète de la Pléiade (1524-1585).
7. **Déduit :** plaisir, ébats amoureux (sens érotique).
8. **Valois :** famille qui régna sur la France du XIVe au XVIe siècle.
9. **Gueusant :** faisant le gueux, mendiant (vieux).
10. **Véfour :** célèbre restaurant parisien.

Tu vas lorgnant en dessous
50 Des bijoux de vingt-neuf sous
Dont je ne puis, oh ! pardon !
   Te faire don.

Va donc, sans autre ornement,
Parfum, perles, diamant,
55 Que ta maigre nudité,
   Ô ma beauté !

LXXXIX.
LE CYGNE

À Victor Hugo.

I

Andromaque, je pense à vous ! Ce petit fleuve,
Pauvre et triste miroir où jadis resplendit
L'immense majesté de vos douleurs de veuve,
Ce Simoïs[1] menteur qui par vos pleurs grandit,

5 A fécondé soudain ma mémoire fertile,
Comme je traversais le nouveau Carrousel[2].
Le vieux Paris n'est plus (la forme d'une ville
Change plus vite, hélas ! que le cœur d'un mortel) ;

---

1. **Simoïs :** fleuve de la plaine troyenne. Andromaque, captive loin de la ville de Troie, va pleurer près d'une rivière qu'elle fit creuser qui imitait le Simoïs, écrit Virgile.
2. **Carrousel :** place où Louis XIV a construit un arc de triomphe. Allusion aux travaux qui de 1849 à 1852 détruisirent le vieux quartier du Doyenné entre le Louvre et les Tuileries.

Je ne vois qu'en esprit tout ce camp de baraques,
Ces tas de chapiteaux ébauchés et de fûts[1],   10
Les herbes, les gros blocs verdis par l'eau des flaques,
Et, brillant aux carreaux, le bric-à-brac[2] confus.

Là s'étalait jadis une ménagerie ;
Là je vis, un matin, à l'heure où sous les cieux
Froids et clairs le Travail s'éveille, où la voirie[3]   15
Pousse un sombre ouragan dans l'air silencieux,

Un cygne qui s'était évadé de sa cage,
Et, de ses pieds palmés frottant le pavé sec,
Sur le sol raboteux traînait son blanc plumage.
Près d'un ruisseau sans eau la bête ouvrant le bec   20

Baignait nerveusement ses ailes dans la poudre[4],
Et disait, le cœur plein de son beau lac natal :
« Eau, quand donc pleuvras-tu ? quand tonneras-tu, foudre ? »
Je vois ce malheureux, mythe étrange et fatal,

Vers le ciel quelquefois, comme l'homme d'Ovide[5],   25
Vers le ciel ironique et cruellement bleu,
Sur son cou convulsif tendant sa tête avide,
Comme s'il adressait des reproches à Dieu !

        II

Paris change ! mais rien dans ma mélancolie
N'a bougé ! palais neufs, échafaudages, blocs,   30
Vieux faubourgs, tout pour moi devient allégorie,
Et mes chers souvenirs sont plus lourds que des rocs.

---

1. **Fûts :** parties centrales des colonnes.
2. **Bric-à-brac :** commerce des vieux objets, brocante.
3. **Voirie :** service d'enlèvement des ordures ménagères et de nettoiement des rues.
4. **Poudre :** poussière (vieilli).
5. **Ovide :** allusion au vers du poète latin : l'homme est la seule créature qui marche en regardant les cieux.

Tableaux parisiens

Aussi devant ce Louvre une image m'opprime :
Je pense à mon grand cygne, avec ses gestes fous,
35 Comme les exilés, ridicule et sublime,
Et rongé d'un désir sans trêve ! et puis à vous,

Andromaque, des bras d'un grand époux tombée,
Vil bétail, sous la main du superbe Pyrrhus[1],
Auprès d'un tombeau vide en extase courbée ;
40 Veuve d'Hector[2], hélas ! et femme d'Hélénus[3] !

Je pense à la négresse, amaigrie et phtisique[4],
Piétinant dans la boue, et cherchant, l'œil hagard,
Les cocotiers absents de la superbe Afrique
Derrière la muraille immense du brouillard ;

45 À quiconque a perdu ce qui ne se retrouve
Jamais, jamais ! à ceux qui s'abreuvent de pleurs
Et tètent la Douleur comme une bonne louve[5] !
Aux maigres orphelins séchant comme des fleurs !

Ainsi dans la forêt où mon esprit s'exile
50 Un vieux Souvenir sonne à plein souffle du cor !
Je pense aux matelots oubliés dans une île,
Aux captifs, aux vaincus !.... à bien d'autres encor !

---

1. **Pyrrhus :** fils d'Achille qui emmena Andromaque en esclavage après la guerre de Troie.
2. **Hector :** mari d'Andromaque mort pendant la guerre de Troie.
3. **Hélénus :** prince troyen, frère d'Hector, qu'Andromaque épousa après la mort de Pyrrhus.
4. **Phtisique :** tuberculeuse.
5. **Louve :** allusion à la louve romaine qui allaita Romulus et Remus, fondateurs de Rome.

Clefs d'analyse

Le Cygne (LXXXIX)

Compréhension

▌ *Connaissances historiques*

- Précisez le sens des termes qui se rattachent au personnage légendaire d'Andromaque : Simoïs v. 3, grand époux v. 37, superbe Pyrrhus v. 38, Helenus v. 40.

▌ *Les associations d'idées*

- Montrez comment le poème semble se construire au fil d'associations libres (« je pense à... »).
- Relevez toutes les créatures liées à Andromaque (négresse, orphelins...).
- Relevez les différentes époques visées par le poète, le passé antique, le vieux Paris d'autrefois, la cité reconstruite d'aujourd'hui.

Réflexion

▌ *L'allégorie*

- Relevez les traits qui font du cygne doué de parole une allégorie. Rapprochez le cygne de l'albatros.
- Interprétez les adjectifs « ironique » et « cruel » appliqués au bleu du ciel qui représente le mensonge cosmique (image du lac et refus de l'eau).
- Montrez comment le cygne devient le véhicule d'une révélation qui éclaire la condition de l'homme moderne.
- Expliquez comment Paris en travaux représente le passage d'un monde à un autre.

À retenir :

Hors de sa cage, le cygne se croit rendu à son état naturel, mais l'animal désorienté n'a fait que quitter la ménagerie pour la grande ville, et croyant trouver l'eau de son lac natal, il ne trouve sur le pavé que la poussière soulevée par la voirie. Sa triste mésaventure prend la forme d'une interrogation pathétique à l'adresse d'un univers dérangé, où l'oiseau devient l'image de tous les exilés.

XC.
LES SEPT VIEILLARDS

À Victor Hugo.

Fourmillante cité, cité pleine de rêves,
Où le spectre en plein jour raccroche le passant !
Les mystères partout coulent comme des sèves
Dans les canaux étroits du colosse puissant.

5　Un matin, cependant que dans la triste rue
Les maisons, dont la brume allongeait la hauteur,
Simulaient les deux quais d'une rivière accrue,
Et que, décor semblable à l'âme de l'acteur,

Un brouillard sale et jaune inondait tout l'espace,
10　Je suivais, roidissant mes nerfs comme un héros
Et discutant avec mon âme déjà lasse,
Le faubourg secoué par les lourds tombereaux[1].

Tout à coup, un vieillard dont les guenilles jaunes
Imitaient la couleur de ce ciel pluvieux,
15　Et dont l'aspect aurait fait pleuvoir les aumônes,
Sans la méchanceté qui luisait dans ses yeux,

M'apparut. On eût dit sa prunelle trempée
Dans le fiel[2] ; son regard aiguisait les frimas[3],
Et sa barbe à longs poils, roide[4] comme une épée,
20　Se projetait, pareille à celle de Judas.

---

1. **Tombereaux :** charrettes formées d'une caisse montée sur deux roues, servant à transporter des matériaux et qu'on décharge en la faisant basculer.
2. **Fiel :** humeur verdâtre sécrétée par le foie des hommes et des animaux, bile.
3. **Frimas :** brouillard froid et épais qui glace en tombant.
4. **Roide :** raide (vieilli).

Il n'était pas voûté, mais cassé, son échine
Faisant avec sa jambe un parfait angle droit,
Si bien que son bâton, parachevant sa mine,
Lui donnait la tournure et le pas maladroit

D'un quadrupède infirme ou d'un juif à trois pattes.   25
Dans la neige et la boue il allait s'empêtrant,
Comme s'il écrasait des morts sous ses savates,
Hostile à l'univers plutôt qu'indifférent.

Son pareil le suivait : barbe, œil, dos, bâton, loques,
Nul trait ne distinguait, du même enfer venu,   30
Ce jumeau centenaire, et ces spectres baroques
Marchaient du même pas vers un but inconnu.

À quel complot infâme étais-je donc en butte,
Ou quel méchant hasard ainsi m'humiliait ?
Car je comptai sept fois, de minute en minute,   35
Ce sinistre vieillard qui se multipliait !

Que celui-là qui rit de mon inquiétude,
Et qui n'est pas saisi d'un frisson fraternel,
Songe bien que malgré tant de décrépitude
Ces sept monstres hideux avaient l'air éternel !   40

Aurais-je, sans mourir, contemplé le huitième,
Sosie[1] inexorable[2], ironique et fatal,
Dégoûtant Phénix[3], fils et père de lui-même ?
— Mais je tournai le dos au cortège infernal.

Exaspéré comme un ivrogne qui voit double,   45
Je rentrai, je fermai ma porte, épouvanté,
Malade et morfondu, l'esprit fiévreux et trouble,
Blessé par le mystère et par l'absurdité !

---

1. **Sosie :** personne qui ressemble parfaitement à une autre.
2. **Inexorable :** qu'on ne peut pas fléchir.
3. **Phénix :** oiseau fabuleux qui, selon les Anciens, vivait plusieurs siècles,
   se faisant périr sur un bûcher où il renaissait de ses cendres.

Vainement ma raison voulait prendre la barre ;
50 La tempête en jouant déroutait ses efforts,
Et mon âme dansait, dansait, vieille gabarre[1]
Sans mâts, sur une mer monstrueuse et sans bords !

XCI.
LES PETITES VIEILLES

À Victor Hugo.

I

Dans les plis sinueux des vieilles capitales,
Où tout, même l'horreur, tourne aux enchantements,
Je guette, obéissant à mes humeurs fatales,
Des êtres singuliers, décrépits et charmants.

5 Ces monstres disloqués furent jadis des femmes,
Éponine[2] ou Laïs[3] ! Monstres brisés, bossus
Ou tordus, aimons-les ! ce sont encor des âmes.
Sous des jupons troués et sous de froids tissus

Ils rampent, flagellés par les bises iniques[4],
10 Frémissant au fracas roulant des omnibus,
Et serrant sur leur flanc, ainsi que des reliques,
Un petit sac brodé de fleurs ou de rébus ;

Ils trottent, tout pareils à des marionnettes ;
Se traînent, comme font les animaux blessés,
15 Ou dansent, sans vouloir danser, pauvres sonnettes
Où se pend un Démon sans pitié ! Tout cassé

---

1. **Gabarre :** bateau transportant des marchandises.
2. **Éponine :** femme héroïque d'un chef gaulois.
3. **Laïs :** nom fréquent de la courtisane dans l'Antiquité grecque.
4. **Iniques :** injustes.

Qu'ils sont, ils ont des yeux perçants comme une vrille,
Luisants comme ces trous où l'eau dort dans la nuit ;
Ils ont les yeux divins de la petite fille
Qui s'étonne et qui rit à tout ce qui reluit.   20

— Avez-vous observé que maints cercueils de vieilles
Sont presque aussi petits que celui d'un enfant ?
La Mort savante met dans ces bières[1] pareilles
Un symbole d'un goût bizarre et captivant,

Et lorsque j'entrevois un fantôme débile[2]   25
Traversant de Paris le fourmillant tableau,
Il me semble toujours que cet être fragile
S'en va tout doucement vers un nouveau berceau ;

À moins que, méditant sur la géométrie,
Je ne cherche, à l'aspect de ces membres discords[3],   30
Combien de fois il faut que l'ouvrier varie
La forme de la boîte où l'on met tous ces corps.

— Ces yeux sont des puits faits d'un million de larmes,
Des creusets[4] qu'un métal refroidi pailleta...
Ces yeux mystérieux ont d'invincibles charmes   35
Pour celui que l'austère Infortune allaita !

II

De Frascati[5] défunt Vestale[6] enamourée ;
Prêtresse de Thalie[7], hélas ! dont le souffleur

---

1. **Bières** : cercueils.
2. **Débile** : faible.
3. **Discords** : non accordés (terme musical).
4. **Creusets** : récipients où l'on fond et mélange les métaux.
5. **Frascati** : maison de jeu parisienne fermée en 1836 où les femmes
   étaient admises.
6. **Vestale** : prêtresse de la déesse Vesta à Rome. Les Vestales devaient
   demeurer vierges et entretenir le feu sacré dans le temple de la
   déesse.
7. **Thalie** : muse de la comédie.

Enterré sait le nom ; célèbre évaporée
40 Que Tivoli[1] jadis ombragea dans sa fleur,

Toutes m'enivrent ! mais parmi ces êtres frêles
Il en est qui, faisant de la douleur un miel,
Ont dit au Dévouement qui leur prêtait ses ailes :
Hippogriffe[2] puissant, mène-moi jusqu'au ciel !

45 L'une, par sa patrie au malheur exercée,
L'autre, que son époux surchargea de douleurs,
L'autre, par son enfant Madone transpercée,
Toutes auraient pu faire un fleuve avec leurs pleurs !

III

Ah ! que j'en ai suivi de ces petites vieilles !
50 Une, entre autres, à l'heure où le soleil tombant
Ensanglante le ciel de blessures vermeilles,
Pensive, s'asseyait à l'écart sur un banc,

Pour entendre un de ces concerts, riches de cuivre,
Dont les soldats parfois inondent nos jardins,
55 Et qui, dans ces soirs d'or où l'on se sent revivre,
Versent quelque héroïsme au cœur des citadins.

Celle-là, droite encor, fière et sentant la règle,
Humait avidement ce chant vif et guerrier ;
Son œil parfois s'ouvrait comme l'œil d'un vieil aigle ;
60 Son front de marbre avait l'air fait pour le laurier !

IV

Telles vous cheminez, stoïques et sans plaintes,
À travers le chaos des vivantes cités,
Mères au cœur saignant, courtisanes ou saintes,
Dont autrefois les noms par tous étaient cités.

---

1. **Tivoli** : nom d'un lieu de plaisir parisien.
2. **Hippogriffe** : animal fabuleux moitié cheval, moitié griffon et pourvu d'ailes vigoureuses, inventé par les poètes de la Renaissance.

Vous qui fûtes la grâce ou qui fûtes la gloire,   65
Nul ne vous reconnaît ! un ivrogne incivil[1]
Vous insulte en passant d'un amour dérisoire ;
Sur vos talons gambade un enfant lâche et vil.

Honteuses d'exister, ombres ratatinées,
Peureuses, le dos bas, vous côtoyez les murs ;   70
Et nul ne vous salue, étranges destinées !
Débris d'humanité pour l'éternité mûrs !

Mais moi, moi qui de loin tendrement vous surveille,
L'œil inquiet, fixé sur vos pas incertains,
Tout comme si j'étais votre père, ô merveille !   75
Je goûte à votre insu des plaisirs clandestins :

Je vois s'épanouir vos passions novices ;
Sombres ou lumineux, je vis vos jours perdus ;
Mon cœur multiplié jouit de tous vos vices !
Mon âme resplendit de toutes vos vertus !   80

Ruines ! ma famille ! ô cerveaux congénères !
Je vous fais chaque soir un solennel adieu !
Où serez-vous demain, Èves octogénaires,
Sur qui pèse la griffe effroyable de Dieu ?

XCII.
LES AVEUGLES

Contemple-les, mon âme ; ils sont vraiment affreux !
Pareils aux mannequins ; vaguement ridicules ;
Terribles, singuliers comme les somnambules ;
Dardant[2] on ne sait où leurs globes ténébreux.

---

1. **Incivil :** impoli.
2. **Dardant :** dirigeant.

5 Leurs yeux, d'où la divine étincelle est partie,
Comme s'ils regardaient au loin, restent levés
Au ciel ; on ne les voit jamais vers les pavés
Pencher rêveusement leur tête appesantie.

Ils traversent ainsi le noir illimité,
10 Ce frère du silence éternel. Ô cité !
Pendant qu'autour de nous tu chantes, ris et beugles,

Éprise du plaisir jusqu'à l'atrocité,
Vois ! je me traîne aussi ! mais, plus qu'eux hébété,
Je dis : Que cherchent-ils au Ciel, tous ces aveugles ?

XCIII.
À UNE PASSANTE

La rue assourdissante autour de moi hurlait.
Longue, mince, en grand deuil, douleur majestueuse,
Une femme passa, d'une main fastueuse
Soulevant, balançant le feston et l'ourlet ;

5 Agile et noble, avec sa jambe de statue.
Moi, je buvais, crispé comme un extravagant,
Dans son œil, ciel livide où germe l'ouragan,
La douceur qui fascine et le plaisir qui tue.

Un éclair... puis la nuit ! – Fugitive beauté
10 Dont le regard m'a fait soudainement renaître,
Ne te verrai-je plus que dans l'éternité ?

Ailleurs, bien loin d'ici ! trop tard ! *jamais* peut-être !
Car j'ignore où tu fuis, tu ne sais où je vais,
Ô toi que j'eusse aimée, ô toi qui le savais !

XCIV.
LE SQUELETTE
LABOUREUR

I

Dans les planches d'anatomie
Qui traînent sur ces quais poudreux
Où maint livre cadavéreux
Dort comme une antique momie,

Dessins auxquels la gravité   5
Et le savoir d'un vieil artiste,
Bien que le sujet en soit triste,
Ont communiqué la Beauté,

On voit, ce qui rend plus complètes
Ces mystérieuses horreurs,   10
Bêchant comme des laboureurs,
Des Écorchés[1] et des Squelettes.

II

De ce terrain que vous fouillez,
Manants[2] résignés et funèbres,
De tout l'effort de vos vertèbres,   15
Ou de vos muscles dépouillés,

Dites, quelle moisson étrange,
Forçats arrachés au charnier,
Tirez-vous, et de quel fermier
Avez-vous à remplir la grange ?   20

---

1. **Écorchés :** statues destinées à l'étude, représentant un homme dépouillé de sa peau.
2. **Manants :** paysans.

Voulez-vous (d'un destin trop dur
Épouvantable et clair emblème[1] !)
Montrer que dans la fosse même
Le sommeil promis n'est pas sûr ;

25 Qu'envers nous le Néant est traître ;
Que tout, même la Mort, nous ment,
Et que sempiternellement,
Hélas ! il nous faudra peut-être

Dans quelque pays inconnu
30 Écorcher la terre revêche
Et pousser une lourde bêche
Sous notre pied sanglant et nu ?

XCV.
LE CRÉPUSCULE
DU SOIR

Voici le soir charmant, ami du criminel ;
Il vient comme un complice, à pas de loup ; le ciel
Se ferme lentement comme une grande alcôve,
Et l'homme impatient se change en bête fauve.

5 Ô soir, aimable soir, désiré par celui
Dont les bras, sans mentir, peuvent dire : Aujourd'hui
Nous avons travaillé ! – C'est le soir qui soulage
Les esprits que dévore une douleur sauvage,
Le savant obstiné dont le front s'alourdit,
10 Et l'ouvrier courbé qui regagne son lit.
Cependant des démons malsains dans l'atmosphère
S'éveillent lourdement, comme des gens d'affaire,
Et cognent en volant les volets et l'auvent.

---

1. **Emblème :** figure symbolique, représentation d'une idée abstraite par
une image concrète ; allégorie.

À travers les lueurs que tourmente le vent
La Prostitution s'allume dans les rues ;   15
Comme une fourmilière elle ouvre ses issues ;
Partout elle se fraye un occulte[1] chemin,
Ainsi que l'ennemi qui tente un coup de main ;
Elle remue au sein de la cité de fange
Comme un ver qui dérobe à l'Homme ce qu'il mange.   20
On entend çà et là les cuisines siffler,
Les théâtres glapir, les orchestres ronfler ;
Les tables d'hôte, dont le jeu fait les délices,
S'emplissent de catins[2] et d'escrocs, leurs complices,
Et les voleurs, qui n'ont ni trêve ni merci,   25
Vont bientôt commencer leur travail, eux aussi,
Et forcer doucement les portes et les caisses
Pour vivre quelques jours et vêtir leurs maîtresses.

Recueille-toi, mon âme, en ce grave moment,
Et ferme ton oreille à ce rugissement.   30
C'est l'heure où les douleurs des malades s'aigrissent !
La sombre Nuit les prend à la gorge ; ils finissent
Leur destinée et vont vers le gouffre commun ;
L'hôpital se remplit de leurs soupirs. – Plus d'un
Ne viendra plus chercher la soupe parfumée,   35
Au coin du feu, le soir, auprès d'une âme aimée.

Encore la plupart n'ont-ils jamais connu
La douceur du foyer et n'ont jamais vécu !

XCVI.
LE JEU

Dans des fauteuils fanés des courtisanes vieilles,
Pâles, le sourcil peint, l'œil câlin et fatal,

---

1. **Occulte :** secret.
2. **Catins :** prostituées (familier et péjoratif).

Minaudant, et faisant de leurs maigres oreilles
Tomber un cliquetis de pierre et de métal ;

5 Autour des verts tapis des visages sans lèvre,
Des lèvres sans couleur, des mâchoires sans dent,
Et des doigts convulsés d'une infernale fièvre,
Fouillant la poche vide ou le sein palpitant ;

Sous de sales plafonds un rang de pâles lustres
10 Et d'énormes quinquets[1] projetant leurs lueurs
Sur des fronts ténébreux de poètes illustres
Qui viennent gaspiller leurs sanglantes sueurs ;

Voilà le noir tableau qu'en un rêve nocturne
Je vis se dérouler sous mon œil clairvoyant.
15 Moi-même, dans un coin de l'antre taciturne,
Je me vis accoudé, froid, muet, enviant,

Enviant de ces gens la passion tenace,
De ces vieilles putains la funèbre gaieté,
Et tous gaillardement trafiquant à ma face,
20 L'un de son vieil honneur, l'autre de sa beauté !

Et mon cœur s'effraya d'envier maint pauvre homme
Courant avec ferveur à l'abîme béant,
Et qui, soûl de son sang, préférerait en somme
La douleur à la mort et l'enfer au néant !

XCVII.
DANSE MACABRE

À Ernest Christophe.

Fière, autant qu'un vivant, de sa noble stature,
Avec son gros bouquet, son mouchoir et ses gants,

---

1. **Quinquets :** lampes à huile.

Elle a la nonchalance et la désinvolture
D'une coquette maigre aux airs extravagants.

Vit-on jamais au bal une taille plus mince ?   25
Sa robe exagérée, en sa royale ampleur,
S'écroule abondamment sur un pied sec que pince
Un soulier pomponné, joli comme une fleur.

La ruche[1] qui se joue au bord des clavicules,
Comme un ruisseau lascif[2] qui se frotte au rocher,   30
Défend pudiquement des lazzi[3] ridicules
Les funèbres appas[4] qu'elle tient à cacher.

Ses yeux profonds sont faits de vide et de ténèbres,
Et son crâne, de fleurs artistement coiffé,
Oscille mollement sur ses frêles vertèbres.   35
Ô charme d'un néant follement attifé[5] !

Aucuns[6] t'appelleront une caricature,
Qui ne comprennent pas, amants ivres de chair,
L'élégance sans nom de l'humaine armature.
Tu réponds, grand squelette, à mon goût le plus cher !   40

Viens-tu troubler, avec ta puissante grimace,
La fête de la Vie ? ou quelque vieux désir,
Éperonnant encor ta vivante carcasse,
Te pousse-t-il, crédule, au sabbat du Plaisir ?

Au chant des violons, aux flammes des bougies,   45
Espères-tu chasser ton cauchemar moqueur,
Et viens-tu demander au torrent des orgies
De rafraîchir l'enfer allumé dans ton cœur ?

---

1. **Ruche :** bande d'étoffe plissée utilisée comme ornement.
2. **Lascif :** sensuel, voluptueux.
3. *Lazzi* **:** plaisanteries, moqueries (mot italien).
4. **Appas :** charmes physiques d'une femme (vieux et littéraire), ne pas confondre avec *appâts* .
5. **Attifé :** habillé.
6. **Aucuns :** d'aucuns, quelques-uns (vieux).

Inépuisable puits de sottise et de fautes !
50 De l'antique douleur éternel alambic[1] !
À travers le treillis recourbé de tes côtes
Je vois, errant encor, l'insatiable aspic[2].

Pour dire vrai, je crains que ta coquetterie
Ne trouve pas un prix digne de ses efforts ;
55 Qui, de ces cœurs mortels, entend la raillerie ?
Les charmes de l'horreur n'enivrent que les forts !

Le gouffre de tes yeux, plein d'horribles pensées,
Exhale le vertige, et les danseurs prudents
Ne contempleront pas sans d'amères nausées
60 Le sourire éternel de tes trente-deux dents.

Pourtant, qui n'a serré dans ses bras un squelette,
Et qui ne s'est nourri des choses du tombeau ?
Qu'importe le parfum, l'habit ou la toilette ?
Qui fait le dégoûté montre qu'il se croit beau.

65 Bayadère[3] sans nez, irrésistible gouge[4],
Dis donc à ces danseurs qui font les offusqués :
« Fiers mignons, malgré l'art des poudres et du rouge,
Vous sentez tous la mort ! Ô squelettes musqués[5],

« Antinoüs[6] flétris, dandys[7] à face glabre[8],
70 Cadavres vernissés, lovelaces[9] chenus[10],

---

1. **Alambic :** appareil à distiller de l'alcool.
2. **Aspic :** serpent venimeux.
3. **Bayadère :** danseuse sacrée de l'Inde.
4. **Gouge :** femme de mauvaise vie, prostituée (vieux).
5. **Musqués :** qui rappellent l'odeur du musc.
6. **Antinoüs :** jeune esclave d'une beauté parfaite, qui était le favori de l'empereur Hadrien.
7. **Dandys :** hommes élégants.
8. **Glabre :** dépourvu de poils.
9. **Lovelaces :** séducteurs pervers et cyniques.
10. **Chenus :** dont les cheveux ont blanchi avec l'âge.

Le branle[1] universel de la danse macabre
Vous entraîne en des lieux qui ne sont pas connus !

« Des quais froids de la Seine aux bords brûlants du Gange,
Le troupeau mortel saute et se pâme, sans voir
Dans un trou du plafond la trompette de l'Ange[2]   75
Sinistrement béante ainsi qu'un tromblon[3] noir.

« En tout climat, sous tout soleil, la Mort t'admire
En tes contorsions, risible Humanité,
Et souvent, comme toi, se parfumant de myrrhe[4],
Mêle son ironie à ton insanité[5] ! »   80

XCVIII.
L'AMOUR
DU MENSONGE

Quand je te vois passer, ô ma chère indolente,
Au chant des instruments qui se brise au plafond
Suspendant ton allure harmonieuse et lente,
Et promenant l'ennui de ton regard profond ;

Quand je contemple, aux feux du gaz qui le colore,   5
Ton front pâle, embelli par un morbide attrait,
Où les torches du soir allument une aurore,
Et tes yeux attirants comme ceux d'un portrait,

Je me dis : Qu'elle est belle ! et bizarrement fraîche !
Le souvenir massif, royale et lourde tour,   10

---

1. **Branle :** danse pratiquée en France aux XVIe et XVIIe siècles.
2. **L'Ange :** l'ange du Jugement dernier, qui annoncera la fin des temps.
3. **Tromblon :** fusil court à canon évasé.
4. **Myrrhe :** résine aromatique offerte à Jésus par les rois mages, avec
   l'encens et l'or.
5. **Insanité :** folie.

La couronne, et son cœur, meurtri comme une pêche,
Est mûr, comme son corps, pour le savant amour.

Es-tu le fruit d'automne aux saveurs souveraines ?
Es-tu vase funèbre attendant quelques pleurs,
15 Parfum qui fait rêver aux oasis lointaines,
Oreiller caressant, ou corbeille de fleurs ?

Je sais qu'il est des yeux, des plus mélancoliques,
Qui ne recèlent point de secrets précieux ;
Beaux écrins sans joyaux, médaillons sans reliques[1],
20 Plus vides, plus profonds que vous-mêmes, ô Cieux !

Mais ne suffit-il pas que tu sois l'apparence,
Pour réjouir un cœur qui fuit la vérité ?
Qu'importe ta bêtise ou ton indifférence ?
Masque ou décor, salut ! J'adore ta beauté.

XCIX

Je n'ai pas oublié, voisine de la ville,
Notre blanche maison, petite mais tranquille ;
Sa Pomone[2] de plâtre et sa vieille Vénus
Dans un bosquet chétif cachant leurs membres nus,
5 Et le soleil, le soir, ruisselant et superbe,
Qui, derrière la vitre où se brisait sa gerbe,
Semblait, grand œil ouvert dans le ciel curieux,
Contempler nos dîners longs et silencieux,
Répandant largement ses beaux reflets de cierge
10 Sur la nappe frugale et les rideaux de serge[3].

---

1. **Reliques :** restes du corps d'un martyr ou d'un saint conservés pour
être vénérés.
2. **Pomone :** divinité romaine qui présidait aux fruits et aux jardins.
3. **Serge :** étoffe grossière.

C

La servante au grand cœur dont vous étiez jalouse,
Et qui dort son sommeil sous une humble pelouse,
Nous devrions pourtant lui porter quelques fleurs.
Les morts, les pauvres morts, ont de grandes douleurs,
Et quand Octobre souffle, émondeur[1] des vieux arbres, 5
Son vent mélancolique à l'entour de leurs marbres,
Certe, ils doivent trouver les vivants bien ingrats,
À dormir, comme ils font, chaudement dans leurs draps,
Tandis que, dévorés de noires songeries,
Sans compagnon de lit, sans bonnes causeries, 10
Vieux squelettes gelés travaillés par le ver,
Ils sentent s'égoutter les neiges de l'hiver
Et le siècle couler, sans qu'amis ni famille
Remplacent les lambeaux qui pendent à leur grille.

Lorsque la bûche siffle et chante, si le soir, 15
Calme, dans le fauteuil je la voyais s'asseoir,
Si, par une nuit bleue et froide de décembre,
Je la trouvais tapie en un coin de ma chambre,
Grave, et venant du fond de son lit éternel
Couver l'enfant grandi de son œil maternel, 20
Que pourrais-je répondre à cette âme pieuse,
Voyant tomber des pleurs de sa paupière creuse ?

CI.
BRUMES ET PLUIES

Ô fins d'automne, hivers, printemps trempés de boue,
Endormeuses saisons ! je vous aime et vous loue
D'envelopper ainsi mon cœur et mon cerveau
D'un linceul vaporeux et d'un vague tombeau.

---

1. **Émondeur :** personne qui taille les arbres.

5 Dans cette grande plaine où l'autan[1] froid se joue,
Où par les longues nuits la girouette s'enroue,
Mon âme mieux qu'au temps du tiède renouveau
Ouvrira largement ses ailes de corbeau.

Rien n'est plus doux au cœur plein de choses funèbres,
10 Et sur qui dès longtemps descendent les frimas[2],
Ô blafardes saisons, reines de nos climats,

Que l'aspect permanent de vos pâles ténèbres,
— Si ce n'est, par un soir sans lune, deux à deux,
D'endormir la douleur sur un lit hasardeux.

CII.
RÊVE PARISIEN

À Constantin Guys[3].

I

De ce terrible paysage,
Tel que jamais mortel n'en vit,
Ce matin encore l'image,
Vague et lointaine, me ravit.

5 Le sommeil est plein de miracles !
Par un caprice singulier
J'avais banni de ces spectacles
Le végétal irrégulier,

Et, peintre fier de mon génie,
10 Je savourais dans mon tableau

---

1. **Autan :** vent orageux du sud de la France.
2. **Frimas :** brouillard froid et épais qui glace en tombant.
3. **Constantin Guys :** dessinateur journaliste que Baudelaire considère comme le peintre de la vie moderne.

L'enivrante monotonie
Du métal, du marbre et de l'eau.

Babel d'escaliers et d'arcades,
C'était un palais infini,
Plein de bassins et de cascades   15
Tombant dans l'or mat ou bruni ;

Et des cataractes pesantes,
Comme des rideaux de cristal,
Se suspendaient, éblouissantes,
À des murailles de métal.   20

Non d'arbres, mais de colonnades
Les étangs dormants s'entouraient,
Où de gigantesques naïades[1],
Comme des femmes, se miraient.

Des nappes d'eau s'épanchaient, bleues,   25
Entre des quais roses et verts,
Pendant des millions de lieues,
Vers les confins de l'univers :

C'étaient des pierres inouïes
Et des flots magiques ; c'étaient   30
D'immenses glaces éblouies
Par tout ce qu'elles reflétaient !

Insouciants et taciturnes,
Des Ganges, dans le firmament,
Versaient le trésor de leurs urnes   35
Dans des gouffres de diamant.

Architecte de mes féeries,
Je faisais, à ma volonté,
Sous un tunnel de pierreries
Passer un océan dompté ;   40

---

1. **Naïades :** divinités des rivières.

Et tout, même la couleur noire,
Semblait fourbi, clair, irisé ;
Le liquide enchâssait sa gloire
Dans le rayon cristallisé.

45 Nul astre d'ailleurs, nuls vestiges
De soleil, même au bas du ciel,
Pour illuminer ces prodiges,
Qui brillaient d'un feu personnel !

Et sur ces mouvantes merveilles
50 Planait (terrible nouveauté !
Tout pour l'œil, rien pour les oreilles !)
Un silence d'éternité.

II

En rouvrant mes yeux pleins de flamme
J'ai vu l'horreur de mon taudis,
55 Et senti, rentrant dans mon âme,
La pointe des soucis maudits ;

La pendule aux accents funèbres
Sonnait brutalement midi,
Et le ciel versait des ténèbres
60 Sur le triste monde engourdi.

CIII.
LE CRÉPUSCULE
DU MATIN

La diane[1] chantait dans les cours des casernes,
Et le vent du matin soufflait sur les lanternes.

---

1. **Diane :** batterie de tambour ou sonnerie de clairon qui annonce le réveil (terme militaire ancien).

C'était l'heure où l'essaim des rêves malfaisants
Tord sur leurs oreillers les bruns adolescents ;
Où, comme un œil sanglant qui palpite et qui bouge,   5
La lampe sur le jour fait une tache rouge ;
Où l'âme, sous le poids du corps revêche et lourd,
Imite les combats de la lampe et du jour.
Comme un visage en pleurs que les brises essuient,
L'air est plein du frisson des choses qui s'enfuient,   10
Et l'homme est las d'écrire et la femme d'aimer.

Les maisons çà et là commençaient à fumer.
Les femmes de plaisir, la paupière livide,
Bouche ouverte, dormaient de leur sommeil stupide ;
Les pauvresses, traînant leurs seins maigres et froids,   15
Soufflaient sur leurs tisons et soufflaient sur leurs doigts.
C'était l'heure où parmi le froid et la lésine[1]
S'aggravent les douleurs des femmes en gésine[2] ;
Comme un sanglot coupé par un sang écumeux
Le chant du coq au loin déchirait l'air brumeux ;   20
Une mer de brouillards baignait les édifices,
Et les agonisants dans le fond des hospices
Poussaient leur dernier râle en hoquets inégaux.
Les débauchés rentraient, brisés par leurs travaux.

L'aurore grelottante en robe rose et verte   25
S'avançait lentement sur la Seine déserte,
Et le sombre Paris, en se frottant les yeux
Empoignait ses outils, vieillard laborieux.

---

1. **Lésine :** avarice.
2. **Gésine :** accouchement.

Un Paris moderne et poétique

La deuxième section, les « Tableaux parisiens » contient 18 poèmes.

Thèmes

La modernité

La section « Tableaux parisiens » a été ajoutée, c'est la seule section nouvelle dans la deuxième édition (1861). Huit de ces poèmes ont été déplacés, dix sont nouveaux. Composés en même temps que les poèmes du *Spleen de Paris*, contemporains du *Peintre de la vie moderne*, ces poèmes répondent au projet esthétique de dépeindre une vie moderne, de donner à voir les paysages des grandes villes, « le charme profond et compliqué d'une capitale âgée » *(Salon de 1859)*. Paris était en pleine mutation au XIXᵉ siècle, sous les travaux décidés par le préfet Haussmann, situation perceptible dans « Le Cygne ».

La ville est chez Baudelaire le paysage moral de la modernité, les tableaux parisiens sont la section qui portent le plus nettement la marque de l'esthétique de la modernité, conformément à la définition qu'il donne : « La modernité, c'est le transitoire, le fugitif, le contingent, la moitié de l'art, dont l'autre moitié est l'éternel et l'immuable. » Baudelaire entend dépasser les limites assignées à la poésie. Le titre du premier poème de la section, « Paysage » revendique son intention d'importer dans la poésie le genre du « tableau de Paris ». C'est la section où l'on rencontre les mots ordinaires de la vie moderne (voirie, échafaudages...) qui n'avaient pas alors droit de cité en poésie.

Les habitants

Le poète claustré sort de chez lui et descend dans la cité, il se pose en témoin de la ville. « Les Petites Vieilles », « Les Sept Vieillards », « Les Aveugles », les courtisanes des maisons de jeu lui présentent un miroir multiplié de sa laideur ; ils lui montrent l'image de la vieillesse, de la décrépitude et de la mort qui l'attendent, ils lui renvoient l'image de sa propre dégradation. Chaque homme porte en lui la forme entière de la condition humaine et Baudelaire ne trouve dans la capitale que l'image de sa propre âme angoissée, ainsi dans « Les Aveugles » il s'exclame : « Vois ! je me traîne aussi ! mais, plus qu'eux hébété [...]. »

Tous ces êtres souffrants (infirmes, monstres, spectres, êtres déchus, angoissants, grotesques) sont des images de sa propre souffrance. « Le Cygne » est érigé en allégorie de la perte et représentant de la longue chaîne des exilés sur la terre.

Langage

L'allégorie et la métamorphose

La représentation de la ville n'est ni sentimentale ni réaliste, pas de pittoresque, pas d'attendrissements : la cité, peuplée de misérables, est le champ où se déploie l'imaginaire moderne.

La ville offre au poète mille occasions de transmuter en fantastique et en surréel la réalité qu'il contemple et les personnages qu'il rencontre. Cette métaporphose généralisée transforme ainsi la « mendiante rousse » (LXXXVIII) en une reine de la Renaissance. La « cité pleine de rêves » (XC) est donnée en pâture à l'imagination. Le poème « Rêve parisien » (CII) montre le travail de transfiguration à l'œuvre : « Et, peintre fier de mon génie,/Je savourais dans mon tableau/L'enivrante monotonie/Du métal, du marbre et de l'eau. »

Le poète construit en rêve une cité imaginaire. « Trébuchant sur les mots comme sur les pavés » (« Le Soleil ») ; la ville devient un lieu magique où l'imagination se déploie. Déchiffreur de l'universelle analogie, le poète pressent le mystère derrière le quotidien et le miracle derrière le médiocre.

On pourrait lire les « Tableaux parisiens » comme une métaphore du travail poétique qui crée à partir du monde réel un autre monde, surréel, qui est une lecture du premier.

Le Vin

CIV.
L'ÂME DU VIN

Un soir, l'âme du vin chantait dans les bouteilles :
« Homme, vers toi je pousse, ô cher déshérité,
Sous ma prison de verre et mes cires vermeilles,
Un chant plein de lumière et de fraternité !

5 « Je sais combien il faut, sur la colline en flamme,
De peine, de sueur et de soleil cuisant
Pour engendrer ma vie et pour me donner l'âme ;
Mais je ne serai point ingrat ni malfaisant,

« Car j'éprouve une joie immense quand je tombe
10 Dans le gosier d'un homme usé par ses travaux,
Et sa chaude poitrine est une douce tombe
Où je me plais bien mieux que dans mes froids caveaux.

« Entends-tu retentir les refrains des dimanches
Et l'espoir qui gazouille en mon sein palpitant ?
15 Les coudes sur la table et retroussant tes manches,
Tu me glorifieras et tu seras content ;

« J'allumerai les yeux de ta femme ravie ;
À ton fils je rendrai sa force et ses couleurs
Et serai pour ce frêle athlète de la vie
20 L'huile qui raffermit les muscles des lutteurs.

« En toi je tomberai, végétale ambroisie [1],
Grain précieux jeté par l'éternel Semeur,
Pour que de notre amour naisse la poésie
Qui jaillira vers Dieu comme une rare fleur ! »

---

1. **Ambroisie :** nourriture des dieux dans la mythologie grecque.

CV.
LE VIN
DES CHIFFONNIERS

Souvent à la clarté rouge d'un réverbère
Dont le vent bat la flamme et tourmente le verre,
Au cœur d'un vieux faubourg, labyrinthe fangeux [1]
Où l'humanité grouille en ferments orageux,

On voit un chiffonnier qui vient, hochant la tête,   5
Butant, et se cognant aux murs comme un poète,
Et, sans prendre souci des mouchards [2], ses sujets,
Épanche tout son cœur en glorieux projets.

Il prête des serments, dicte des lois sublimes,
Terrasse les méchants, relève les victimes,   10
Et sous le firmament comme un dais suspendu
S'enivre des splendeurs de sa propre vertu.

Oui, ces gens harcelés de chagrins de ménage,
Moulus par le travail et tourmentés par l'âge,
Éreintés et pliant sous un tas de débris,   15
Vomissement confus de l'énorme Paris,

Reviennent, parfumés d'une odeur de futailles [3],
Suivis de compagnons, blanchis dans les batailles,
Dont la moustache pend comme les vieux drapeaux.
Les bannières, les fleurs et les arcs triomphaux   20

Se dressent devant eux, solennelle magie !
Et dans l'étourdissante et lumineuse orgie
Des clairons, du soleil, des cris et du tambour,
Ils apportent la gloire au peuple ivre d'amour !

---

1. **Fangeux :** boueux.
2. **Mouchards :** espions, délateurs utilisés par la police.
3. **Futailles :** tonneaux contenant du vin.

25 C'est ainsi qu'à travers l'Humanité frivole
Le vin roule de l'or, éblouissant Pactole[1] ;
Par le gosier de l'homme il chante ses exploits
Et règne par ses dons ainsi que les vrais rois.

Pour noyer la rancœur et bercer l'indolence
30 De tous ces vieux maudits qui meurent en silence,
Dieu, touché de remords, avait fait le sommeil ;
L'Homme ajouta le Vin, fils sacré du Soleil !

CVI.
LE VIN DE L'ASSASSIN

Ma femme est morte, je suis libre !
Je puis donc boire tout mon soûl.
Lorsque je rentrais sans un sou,
Ses cris me déchiraient la fibre.

5 Autant qu'un roi je suis heureux ;
L'air est pur, le ciel admirable...
Nous avions un été semblable
Lorsque j'en devins amoureux !

L'horrible soif qui me déchire
10 Aurait besoin pour s'assouvir
D'autant de vin qu'en peut tenir
Son tombeau ; — ce n'est pas peu dire :

Je l'ai jetée au fond d'un puits,
Et j'ai même poussé sur elle
15 Tous les pavés de la margelle.
— Je l'oublierai si je le puis !

---

1. **Pactole :** fleuve d'Asie Mineure réputé charrier des paillettes d'or. Le roi Midas en s'y baignant y aurait laissé son don de changer en or tout ce qu'il touchait.

Au nom des serments de tendresse,
Dont rien ne peut nous délier,
Et pour nous réconcilier
Comme au beau temps de notre ivresse,   20

J'implorai d'elle un rendez-vous,
Le soir, sur une route obscure.
Elle y vint ! – folle créature !
Nous sommes tous plus ou moins fous !

Elle était encore jolie,   25
Quoique bien fatiguée ! et moi,
Je l'aimais trop ! voilà pourquoi
Je lui dis : Sors de cette vie !

Nul ne peut me comprendre. Un seul
Parmi ces ivrognes stupides   30
Songea-t-il dans ses nuits morbides
À faire du vin un linceul ?

Cette crapule invulnérable
Comme les machines de fer
Jamais, ni l'été ni l'hiver,   35
N'a connu l'amour véritable,

Avec ses noirs enchantements,
Son cortège infernal d'alarmes,
Ses fioles de poison, ses larmes,
Ses bruits de chaîne et d'ossements !   40

– Me voilà libre et solitaire !
Je serai ce soir ivre mort ;
Alors, sans peur et sans remords,
Je me coucherai sur la terre,

Et je dormirai comme un chien !   45
Le chariot aux lourdes roues
Chargé de pierres et de boues,
Le wagon enragé peut bien

Écraser ma tête coupable
50 Ou me couper par le milieu,
Je m'en moque comme de Dieu,
Du Diable ou de la Sainte Table[1] !

CVII.
LE VIN DU SOLITAIRE

Le regard singulier d'une femme galante
Qui se glisse vers nous comme le rayon blanc
Que la lune onduleuse envoie au lac tremblant,
Quand elle y veut baigner sa beauté nonchalante ;

5 Le dernier sac d'écus dans les doigts d'un joueur ;
Un baiser libertin de la maigre Adeline ;
Les sons d'une musique énervante et câline,
Semblable au cri lointain de l'humaine douleur,

Tout cela ne vaut pas, ô bouteille profonde,
10 Les baumes pénétrants que ta panse féconde
Garde au cœur altéré du poète pieux ;

Tu lui verses l'espoir, la jeunesse et la vie,
— Et l'orgueil, ce trésor de toute gueuserie[2],
Qui nous rend triomphants et semblables aux Dieux !

---

1. **Sainte Table :** l'autel.
2. **Gueuserie :** état du gueux, misère.

CVIII.
LE VIN DES AMANTS

Aujourd'hui l'espace est splendide !
Sans mors, sans éperons, sans bride,
Partons à cheval sur le vin
Pour un ciel féerique et divin !

Comme deux anges que torture
Une implacable calenture[1],
Dans le bleu cristal du matin
Suivons le mirage lointain !

Mollement balancés sur l'aile
Du tourbillon intelligent,
Dans un délire parallèle,

Ma sœur, côte à côte nageant,
Nous fuirons sans repos ni trêves
Vers le paradis de mes rêves !

---

1. **Calenture :** délire qui frappe les navigateurs exposés au soleil ardent
   des zones tropicales.

Synthèse Le Vin

Ivresse et consolation

La troisième section, la plus courte en nombre de vers, contient cinq poèmes.

Placée en avant-dernière position, juste avant « La Mort » dans la première édition, dans l'édition de 1861, elle vient en troisième position après « Tableaux parisiens » et avant « Fleurs du mal » et « Révolte ». Ce n'est plus la dernière marche avant la chute, mais une pause dans un parcours vers le négatif.

Thèmes

L'éloge du vin

Cette section, composée de poèmes anciens, n'a pas la tonalité pessimiste des autres. Le vin (sauf « Le Vin de l'assassin ») apporte joie et réconfort et ouvre au monde du rêve.

Recours des désespérés (chiffonniers, assassins), paradis artificiel des pauvres, il fait oublier l'infortune de la condition humaine. Pour les idéalistes (artistes, amants), il est un moyen d'évasion et d'élévation : c'est une métaphore de l'inspiration créatrice. « Le Vin des amants », nouvelle « Invitation au voyage », chante l'ivresse comme état esthétique : sentiment à la fois de force et de plénitude, l'ivresse est un état où les sentiments s'interpénètrent, où les catégories s'effacent. Force qui emporte vers le ciel, le vin permet un voyage magique.

Langage

Représentation métaphorique du bonheur, le vin est un motif poétique porteur de rêve, de repos et d'évasion. Cette section n'est en aucun cas autobiographique : Baudelaire n'est ni un alcoolique, ni un drogué.

Fleurs du Mal

CIX.
LA DESTRUCTION

Sans cesse à mes côtés s'agite le Démon ;
Il nage autour de moi comme un air impalpable ;
Je l'avale et le sens qui brûle mon poumon
Et l'emplit d'un désir éternel et coupable.

Parfois il prend, sachant mon grand amour de l'Art, 5
La forme de la plus séduisante des femmes,
Et, sous de spécieux prétextes de cafard[1],
Accoutume ma lèvre à des philtres[2] infâmes.

Il me conduit ainsi, loin du regard de Dieu,
Haletant et brisé de fatigue, au milieu 10
Des plaines de l'Ennui, profondes et désertes,

Et jette dans mes yeux pleins de confusion
Des vêtements souillés, des blessures ouvertes,
Et l'appareil sanglant de la Destruction !

CX.
UNE MARTYRE

DESSIN D'UN MAÎTRE INCONNU

Au milieu des flacons, des étoffes lamées
    Et des meubles voluptueux,
Des marbres, des tableaux, des robes parfumées
    Qui traînent à plis somptueux,

---

1. **Cafard** : hypocrite (sens vieilli).
2. **Philtres** : breuvages magiques propres à inspirer l'amour (ne pas confondre avec *filtre*).

5 Dans une chambre tiède où, comme en une serre,
  L'air est dangereux et fatal,
Où des bouquets mourants dans leurs cercueils de verre
  Exhalent leur soupir final,

Un cadavre sans tête épanche, comme un fleuve,
10   Sur l'oreiller désaltéré
Un sang rouge et vivant, dont la toile s'abreuve
  Avec l'avidité d'un pré.

Semblable aux visions pâles qu'enfante l'ombre
  Et qui nous enchaînent les yeux,
15 La tête, avec l'amas de sa crinière sombre
  Et de ses bijoux précieux,

Sur la table de nuit, comme une renoncule,
  Repose ; et, vide de pensers,
Un regard vague et blanc comme le crépuscule
20   S'échappe des yeux révulsés.

Sur le lit, le tronc nu sans scrupules étale
  Dans le plus complet abandon
La secrète splendeur et la beauté fatale
  Dont la nature lui fit don ;

25 Un bas rosâtre, orné de coins d'or, à la jambe,
  Comme un souvenir est resté ;
La jarretière, ainsi qu'un œil secret qui flambe,
  Darde[1] un regard diamanté.

Le singulier aspect de cette solitude
30   Et d'un grand portrait langoureux,
Aux yeux provocateurs comme son attitude,
  Révèle un amour ténébreux,

Une coupable joie et des fêtes étranges
  Pleines de baisers infernaux,
35 Dont se réjouissait l'essaim des mauvais anges
  Nageant dans les plis des rideaux ;

---

1. **Darde** : dirige.

Et cependant, à voir la maigreur élégante
   De l'épaule au contour heurté,
La hanche un peu pointue et la taille fringante
   Ainsi qu'un reptile irrité,   40

Elle est bien jeune encor ! — Son âme exaspérée
   Et ses sens par l'ennui mordus
S'étaient-ils entr'ouverts à la meute altérée
   Des désirs errants et perdus ?

L'homme vindicatif que tu n'as pu, vivante,   45
   Malgré tant d'amour, assouvir,
Combla-t-il sur ta chair inerte et complaisante
   L'immensité de son désir ?

Réponds, cadavre impur ! et par tes tresses roides
   Te soulevant d'un bras fiévreux,   50
Dis-moi, tête effrayante, a-t-il sur tes dents froides
   Collé les suprêmes adieux ?

— Loin du monde railleur, loin de la foule impure,
   Loin des magistrats curieux,
Dors en paix, dors en paix, étrange créature,   55
   Dans ton tombeau mystérieux ;

Ton époux court le monde, et ta forme immortelle
   Veille près de lui quand il dort ;
Autant que toi sans doute il te sera fidèle,
   Et constant jusques à la mort.   60

CXI.
FEMMES DAMNÉES

Comme un bétail pensif sur le sable couchées,
Elles tournent leurs yeux vers l'horizon des mers,
Et leurs pieds se cherchent et leurs mains rapprochées
Ont de douces langueurs et des frissons amers.

5 Les unes, cœurs épris des longues confidences,
Dans le fond des bosquets où jasent les ruisseaux,
Vont épelant l'amour des craintives enfances
Et creusent le bois vert des jeunes arbrisseaux ;

D'autres, comme des sœurs, marchent lentes et graves
10 À travers les rochers pleins d'apparitions,
Où saint Antoine a vu surgir comme des laves
Les seins nus et pourprés de ses tentations ;

Il en est, aux lueurs des résines[1] croulantes,
Qui dans le creux muet des vieux antres païens
15 T'appellent au secours de leurs fièvres hurlantes,
Ô Bacchus[2], endormeur des remords anciens !

Et d'autres, dont la gorge aime les scapulaires[3],
Qui, recélant un fouet sous leurs longs vêtements,
Mêlent, dans le bois sombre et les nuits solitaires,
20 L'écume du plaisir aux larmes des tourments.

Ô vierges, ô démons, ô monstres, ô martyres,
De la réalité grands esprits contempteurs[4],
Chercheuses d'infini, dévotes et satyres,
Tantôt pleines de cris, tantôt pleines de pleurs,

25 Vous que dans votre enfer mon âme a poursuivies,
Pauvres sœurs, je vous aime autant que je vous plains,
Pour vos mornes douleurs, vos soifs inassouvies,
Et les urnes d'amour dont vos grands cœurs sont pleins !

---

1. **Résines :** flambeaux qui utilisent de la résine comme combustible.
2. **Bacchus :** dieu romain du vin.
3. **Scapulaires :** vêtements religieux qui s'attachent autour du cou.
4. **Contempteurs :** qui méprisent.

CXII.
LES DEUX BONNES SŒURS

La Débauche et la Mort sont deux aimables filles,
Prodigues de baisers et riches de santé,
Dont le flanc toujours vierge et drapé de guenilles
Sous l'éternel labeur n'a jamais enfanté.

Au poète sinistre, ennemi des familles,   5
Favori de l'enfer, courtisan mal renté,
Tombeaux et lupanars[1] montrent sous leurs charmilles
Un lit que le remords n'a jamais fréquenté.

Et la bière et l'alcôve en blasphèmes fécondes
Nous offrent tour à tour, comme deux bonnes sœurs,   10
De terribles plaisirs et d'affreuses douceurs.

Quand veux-tu m'enterrer, Débauche aux bras immondes ?
Ô Mort, quand viendras-tu, sa rivale en attraits,
Sur ses myrtes[2] infects enter[3] tes noirs cyprès ?

CXIII.
LA FONTAINE DE SANG

Il me semble parfois que mon sang coule à flots,
Ainsi qu'une fontaine aux rythmiques sanglots.
Je l'entends bien qui coule avec un long murmure,
Mais je me tâte en vain pour trouver la blessure.

---

1. **Lupanars :** lieux de prostitution.
2. **Myrtes :** arbustes aromatiques toujours verts. Avec le laurier, symbole de gloire pour les anciens.
3. **Enter :** greffer.

5 À travers la cité, comme dans un champ clos,
Il s'en va, transformant les pavés en îlots,
Désaltérant la soif de chaque créature,
Et partout colorant en rouge la nature.

J'ai demandé souvent à des vins captieux[1]
10 D'endormir pour un jour la terreur qui me mine ;
Le vin rend l'œil plus clair et l'oreille plus fine !

J'ai cherché dans l'amour un sommeil oublieux ;
Mais l'amour n'est pour moi qu'un matelas d'aiguilles
Fait pour donner à boire à ces cruelles filles !

CXIV.
ALLÉGORIE

C'est une femme belle et de riche encolure,
Qui laisse dans son vin traîner sa chevelure.
Les griffes de l'amour, les poisons du tripot,
Tout glisse et tout s'émousse au granit de sa peau.
5 Elle rit à la Mort et nargue la Débauche,
Ces monstres dont la main, qui toujours gratte et fauche,
Dans ses jeux destructeurs a pourtant respecté
De ce corps ferme et droit la rude majesté.
Elle marche en déesse et repose en sultane ;
10 Elle a dans le plaisir la foi mahométane[2],
Et dans ses bras ouverts, que remplissent ses seins,
Elle appelle des yeux la race des humains.
Elle croit, elle sait, cette vierge inféconde
Et pourtant nécessaire à la marche du monde,
15 Que la beauté du corps est un sublime don
Qui de toute infamie arrache le pardon.

---

1. **Captieux :** qui induit en erreur.
2. **Mahométane :** musulmane.

Elle ignore l'Enfer comme le Purgatoire,
Et quand l'heure viendra d'entrer dans la Nuit noire,
Elle regardera la face de la Mort,
Ainsi qu'un nouveau-né, — sans haine et sans remord.   20

CXV.
LA BÉATRICE [1]

Dans des terrains cendreux, calcinés, sans verdure,
Comme je me plaignais un jour à la nature,
Et que de ma pensée, en vaguant au hasard,
J'aiguisais lentement sur mon cœur le poignard,
Je vis en plein midi descendre sur ma tête   5
Un nuage funèbre et gros d'une tempête,
Qui portait un troupeau de démons vicieux,
Semblables à des nains cruels et curieux.
À me considérer froidement ils se mirent,
Et, comme des passants sur un fou qu'ils admirent,   10
Je les entendis rire et chuchoter entre eux,
En échangeant maint signe et maint clignement d'yeux :

— « Contemplons à loisir cette caricature
Et cette ombre d'Hamlet imitant sa posture,
Le regard indécis et les cheveux au vent.   15
N'est-ce pas grand-pitié de voir ce bon vivant,
Ce gueux, cet histrion en vacances, ce drôle,
Parce qu'il sait jouer artistement son rôle,
Vouloir intéresser au chant de ses douleurs
Les aigles, les grillons, les ruisseaux et les fleurs,   20
Et même à nous, auteurs de ces vieilles rubriques,
Réciter en hurlant ses tirades publiques ? »

---

1. **Béatrice :** femme aimée par le poète italien Dante et symbole de
l'inspiratrice.

J'aurais pu (mon orgueil aussi haut que les monts
Domine la nuée et le cri des démons)
25 Détourner simplement ma tête souveraine,
Si je n'eusse pas vu parmi leur troupe obscène,
Crime qui n'a pas fait chanceler le soleil !
La reine de mon cœur au regard nonpareil
Qui riait avec eux de ma sombre détresse
30 Et leur versait parfois quelque sale caresse.

CXVI.
UN VOYAGE
À CYTHÈRE [1]

Mon cœur, comme un oiseau, voltigeait tout joyeux
Et planait librement à l'entour des cordages ;
Le navire roulait sous un ciel sans nuages,
Comme un ange enivré d'un soleil radieux.

5 Quelle est cette île triste et noire ? – C'est Cythère,
Nous dit-on, un pays fameux dans les chansons,
Eldorado banal de tous les vieux garçons.
Regardez, après tout, c'est une pauvre terre.

– Île des doux secrets et des fêtes du cœur !
10 De l'antique Vénus [2] le superbe fantôme
Au-dessus de tes mers plane comme un arôme,
Et charge les esprits d'amour et de langueur.

Belle île aux myrtes [3] verts, pleine de fleurs écloses,
Vénérée à jamais par toute nation,

---

1. **Cythère :** île grecque de la mer Égée consacrée à Aphrodite, déesse de l'Amour.
2. **Vénus :** nom latin d'Aphrodite.
3. **Myrtes :** arbustes aromatiques toujours verts. Avec le laurier, symbole de gloire pour les Anciens.

Où les soupirs des cœurs en adoration
Roulent comme l'encens sur un jardin de roses

Ou le roucoulement éternel d'un ramier !
– Cythère n'était plus qu'un terrain des plus maigres,
Un désert rocailleux troublé par des cris aigres.
J'entrevoyais pourtant un objet singulier !

Ce n'était pas un temple aux ombres bocagères,
Où la jeune prêtresse, amoureuse des fleurs,
Allait, le corps brûlé de secrètes chaleurs,
Entrebâillant sa robe aux brises passagères ;

Mais voilà qu'en rasant la côte d'assez près
Pour troubler les oiseaux avec nos voiles blanches,
Nous vîmes que c'était un gibet à trois branches,
Du ciel se détachant en noir, comme un cyprès.

De féroces oiseaux perchés sur leur pâture
Détruisaient avec rage un pendu déjà mûr,
Chacun plantant, comme un outil, son bec impur
Dans tous les coins saignants de cette pourriture ;

Les yeux étaient deux trous, et du ventre effondré
Les intestins pesants lui coulaient sur les cuisses,
Et ses bourreaux, gorgés de hideuses délices,
L'avaient à coups de bec absolument châtré.

Sous les pieds, un troupeau de jaloux quadrupèdes,
Le museau relevé, tournoyait et rôdait ;
Une plus grande bête au milieu s'agitait
Comme un exécuteur[1] entouré de ses aides.

Habitant de Cythère, enfant d'un ciel si beau,
Silencieusement tu souffrais ces insultes
En expiation de tes infâmes cultes
Et des péchés qui t'ont interdit le tombeau.

---

1. **Exécuteur :** bourreau.

45 Ridicule pendu, tes douleurs sont les miennes !
Je sentis, à l'aspect de tes membres flottants,
Comme un vomissement, remonter vers mes dents
Le long fleuve de fiel des douleurs anciennes ;

Devant toi, pauvre diable au souvenir si cher,
50 J'ai senti tous les becs et toutes les mâchoires
Des corbeaux lancinants et des panthères noires
Qui jadis aimaient tant à triturer ma chair.

– Le ciel était charmant, la mer était unie ;
Pour moi tout était noir et sanglant désormais,
55 Hélas ! et j'avais, comme en un suaire épais,
Le cœur enseveli dans cette allégorie.

Dans ton île, ô Vénus ! je n'ai trouvé debout
Qu'un gibet symbolique où pendait mon image...
– Ah ! Seigneur ! donnez-moi la force et le courage
60 De contempler mon cœur et mon corps sans dégoût !

CXVII.
L'AMOUR ET LE CRÂNE

VIEUX CUL-DE-LAMPE[1]

L'Amour est assis sur le crâne
　　De l'Humanité,
Et sur ce trône le profane,
　　Au rire effronté,

Souffle gaiement des bulles rondes　　　　5
　　Qui montent dans l'air,
Comme pour rejoindre les mondes
　　Au fond de l'éther[2].

Le globe lumineux et frêle
　　Prend un grand essor,　　　　　　　10
Crève et crache son âme grêle
　　Comme un songe d'or.

J'entends le crâne à chaque bulle
　　Prier et gémir :
— « Ce jeu féroce et ridicule,　　　　　15
　　Quand doit-il finir ?

« Car ce que ta bouche cruelle
　　Éparpille en l'air,
Monstre assassin, c'est ma cervelle,
　　Mon sang et ma chair ! »　　　　　20

---

1. **Cul-de-lampe :** gravure qui orne la fin d'un chapitre.
2. **Éther :** fluide subtil qui, selon les Anciens, remplissait les espaces situés au-delà de l'atmosphère ; poétique : air, ciel.

Synthèse Fleurs du Mal

Extraire la beauté du mal

La quatrième section est composée de neuf poèmes. Elle en comportait douze dans la première édition de 1857, mais cette partie fut jugée la plus scandaleuse et trois poèmes furent censurés à l'issue du procès.

Thèmes

La conscience dans le mal

Baudelaire reprend pour la quatrième partie le titre du recueil, en lui donnant un sens plus étroit.

Nous sommes ici au cœur du projet poétique baudelairien : extraire la beauté du mal. Ici affleurent le goût du sang (« Une martyre »), la curiosité malsaine pour l'homosexualité (« Femmes damnées ») et les sales caresses (« La Béatrice »). Le long poème « Femmes damnées » est consacré aux lesbiennes (le mot évoque un titre abandonné du recueil). Le poète met en scène une sensualité violente et dégradante, recourant parfois aux images macabres du romantisme noir (vampirisme, sadisme, crimes, sang). L'enfer du désir entraîne le poète dans une logique perverse, Éros cruel devient meurtrier : « Une martyre » décrit un corps de femme décapité par son amant dans l'abominable frénésie du désir.

La débauche n'apporte aucun plaisir. Le poète éprouve sa propre dégradation et son propre vide dans une succession d'expériences de sensualité cruelles, perverses, mais sans joie ni amour.

La luxure, la débauche et les amours interdites (homosexualité féminine) témoignent chez ces damnés d'une nostalgie de l'infini, elles illustrent une quête sublime et désespérée vouée à l'échec.

L'épanchement de la vie hors de soi

Le poète abandonne sa position de spectateur (celle des « Tableaux parisiens ») et se plonge dans la débauche. Il devient lui-même un pervers et éprouve les effets du mal. Car la débauche est perte de soi-même, éparpillement du moi. Le rapport à l'autre est la pire forme de déperdition de soi. L'épanchement de la vie hors de soi est figuré dans « La Fontaine de sang » : « Il me semble parfois que mon sang coule à flot/Ainsi qu'une fontaine aux rythmiques sanglots./Je l'entends bien qui coule avec un long murmure,/Mais je tâte en vain pour trouver la blessure. »

Cette image du sang qui coule revient dans plusieurs poèmes (« Une martyre ») signifiant que le débauché se vide de lui-même. Pas plus que le vin, dont elle prend le relais, la débauche ne saurait « endormir la terreur » qui mine le poète. Tout au plus fait-elle de lui un objet de dérision pour les autres et de dégoût pour lui-même. « Un voyage à Cythère » illustre la haine de soi qui accompagne l'expérience de la corruption. Ce poème, le plus long de cette section, subvertit le topos de l'embarquement pour l'île de l'Amour, consacrée à Vénus. Au lieu du temple à l'Amour, les voyageurs découvrent un gibet où se décompose un pendu. Le spectacle se mue en dégoût de soi-même : « – Ah ! Seigneur ! donnez-moi la force et le courage/ De contempler mon cœur et mon corps sans dégoût ! »

Le désespoir est alors total et, pour celui qui n'entrevoit plus aucune possibilité de salut, le silence de Dieu est insupportable. Il appelle le blasphème qui se donnera à lire dans la section suivante.

Langage

L'allégorie se généralise dans cette section, elle s'affiche comme dans « Un voyage à Cythère » : « Le cœur enseveli dans cette allégorie. »

La mise en scène du mal devient une allégorie de la création poétique qui est semblable à la prostitution : le mouvement vers l'autre est dispersion et perte de soi-même.

L'esthétique du ricanement se fait prédominante, elle s'appuie sur les dissonances, la recherche des contradictions et les alliances de mots (oxymores). Ainsi, les deux bonnes sœurs désignées par le titre du poème sont la débauche et la mort.

Révolte

CXVIII.
LE RENIEMENT
DE SAINT PIERRE

Qu'est-ce que Dieu fait donc de ce flot d'anathèmes[1]
Qui monte tous les jours vers ses chers Séraphins[2] ?
Comme un tyran gorgé de viande et de vins,
Il s'endort au doux bruit de nos affreux blasphèmes.

5 Les sanglots des martyrs et des suppliciés
Sont une symphonie enivrante sans doute,
Puisque, malgré le sang que leur volupté coûte,
Les cieux ne s'en sont point encor rassasiés !

— Ah ! Jésus, souviens-toi du Jardin des Olives[3] !
10 Dans ta simplicité tu priais à genoux
Celui qui dans son ciel riait au bruit des clous
Que d'ignobles bourreaux plantaient dans tes chairs vives,

Lorsque tu vis cracher sur ta divinité
La crapule du corps de garde et des cuisines,
15 Et lorsque tu sentis s'enfoncer les épines
Dans ton crâne où vivait l'immense Humanité ;

Quand de ton corps brisé la pesanteur horrible
Allongeait tes deux bras distendus, que ton sang
Et ta sueur coulaient de ton front pâlissant,
20 Quand tu fus devant tous posé comme une cible,

Rêvais-tu de ces jours si brillants et si beaux
Où tu vins pour remplir l'éternelle promesse,

---

1. **Anathèmes :** malédictions.
2. **Séraphins :** les Séraphins sont au premier rang de la hiérarchie des anges.
3. **Jardin des Olives :** mont des Oliviers, où Jésus-Christ allait souvent prier, où il se retira et connut l'angoisse avant d'être arrêté.

Où tu foulais, monté sur une douce ânesse,
Des chemins tout jonchés de fleurs et de rameaux,

Où, le cœur tout gonflé d'espoir et de vaillance,   25
Tu fouettais tous ces vils marchands à tour de bras,
Où tu fus maître enfin ? Le remords n'a-t-il pas
Pénétré dans ton flanc plus avant que la lance ?

— Certes, je sortirai, quant à moi, satisfait
D'un monde où l'action n'est pas la sœur du rêve ;   30
Puissé-je user du glaive et périr par le glaive [1] !
Saint Pierre a renié Jésus... il a bien fait !

CXIX.
ABEL ET CAÏN

I

Race d'Abel, dors, bois et mange ;
Dieu te sourit complaisamment.

Race de Caïn, dans la fange [2]
Rampe et meurs misérablement.

Race d'Abel, ton sacrifice   5
Flatte le nez du Séraphin [3] !

Race de Caïn, ton supplice
Aura-t-il jamais une fin ?

Race d'Abel, vois tes semailles
Et ton bétail venir à bien ;   10

---

1. **Périr par le glaive :** allusion à une phrase de Jésus-Christ, condamnant la violence : « Qui a vécu par le glaive périra par le glaive. »
2. **Fange :** boue.
3. **Séraphin :** les Séraphins sont au premier rang de la hiérarchie des anges.

Révolte

Race de Caïn, tes entrailles
Hurlent la faim comme un vieux chien.

Race d'Abel, chauffe ton ventre
À ton foyer patriarcal ;

Race de Caïn, dans ton antre
Tremble de froid, pauvre chacal !

Race d'Abel, aime et pullule !
Ton or fait aussi des petits.

Race de Caïn, cœur qui brûle,
Prends garde à ces grands appétits.

Race d'Abel, tu croîs et broutes
Comme les punaises des bois !

Race de Caïn, sur les routes
Traîne ta famille aux abois.

II

Ah ! race d'Abel, ta charogne
Engraissera le sol fumant !

Race de Caïn, ta besogne
N'est pas faite suffisamment ;

Race d'Abel, voici ta honte :
Le fer est vaincu par l'épieu !

Race de Caïn, au ciel monte,
Et sur la terre jette Dieu !

CXX.
LES LITANIES DE SATAN

Ô toi, le plus savant et le plus beau des Anges,
Dieu trahi par le sort et privé de louanges,

Ô Satan, prends pitié de ma longue misère !

Ô Prince de l'exil, à qui l'on a fait tort
Et qui, vaincu, toujours te redresses plus fort,   5

Ô Satan, prends pitié de ma longue misère !

Toi qui sais tout, grand roi des choses souterraines,
Guérisseur familier des angoisses humaines,

Ô Satan, prends pitié de ma longue misère !

Toi qui, même aux lépreux, aux parias maudits,   10
Enseignes par l'amour le goût du Paradis,

Ô Satan, prends pitié de ma longue misère !

Ô toi qui de la Mort, ta vieille et forte amante,
Engendras l'Espérance, — une folle charmante !

Ô Satan, prends pitié de ma longue misère !   15

Toi qui fais au proscrit ce regard calme et haut
Qui damne tout un peuple autour d'un échafaud,

Ô Satan, prends pitié de ma longue misère !

Toi qui sais en quels coins des terres envieuses
Le Dieu jaloux cacha les pierres précieuses,   20

Ô Satan, prends pitié de ma longue misère !

Toi dont l'œil clair connaît les profonds arsenaux
Où dort enseveli le peuple des métaux,

Ô Satan, prends pitié de ma longue misère !

Révolte

25 Toi dont la large main cache les précipices
Au somnambule errant au bord des édifices,

Ô Satan, prends pitié de ma longue misère !

Toi qui, magiquement, assouplis les vieux os
De l'ivrogne attardé foulé par les chevaux,

30 Ô Satan, prends pitié de ma longue misère !

Toi qui, pour consoler l'homme frêle qui souffre,
Nous appris à mêler le salpêtre[1] et le soufre,

Ô Satan, prends pitié de ma longue misère !

Toi qui poses ta marque, ô complice subtil,
35 Sur le front du Crésus[2] impitoyable et vil,

Ô Satan, prends pitié de ma longue misère !

Toi qui mets dans les yeux et dans le cœur des filles
Le culte de la plaie et l'amour des guenilles,

Ô Satan, prends pitié de ma longue misère !

40 Bâton des exilés, lampe des inventeurs,
Confesseur des pendus et des conspirateurs,

Ô Satan, prends pitié de ma longue misère !

Père adoptif de ceux qu'en sa noire colère
Du paradis terrestre a chassés Dieu le Père,

45 Ô Satan, prends pitié de ma longue misère !

---

1. **Salpêtre** : dépôt qui se fixe sur les murs humides. Mélangé au soufre
il sert à fabriquer la poudre à canon.
2. **Crésus** : roi légendaire réputé pour ses immenses richesses.

PRIÈRE

Gloire et louange à toi, Satan, dans les hauteurs
Du Ciel, où tu régnas, et dans les profondeurs
De l'Enfer, où, vaincu, tu rêves en silence !
Fais que mon âme un jour, sous l'Arbre de Science [1],
Près de toi se repose, à l'heure où sur ton front   50
Comme un Temple nouveau ses rameaux s'épandront !

---

1. **Arbre de Science :** Adam et Ève, dit la Bible, furent chassés du paradis terrestre pour avoir goûté le fruit défendu de cet arbre.

Synthèse Révolte

Vers le mal et le blasphème

Cette section est composée de trois poèmes, parmi les plus longs du recueil et dont deux se composent de distiques.

Thèmes

Le dernier pas sur le chemin du mal

Revenu de tout, le poète connaît la tentation suprême, spirituelle : se révolter contre Dieu et se tourner vers Satan. Le poète s'adonne ici aux imprécations, convoquant les figures de la révolte romantique : Caïn, Satan, saint Pierre.

Satan veille sur tous les parias qui n'acceptent pas l'ordre du monde, croisés dans *Les Fleurs du Mal*. Le poète dialogue avec Satan, un exilé comme lui, qui s'oppose à Dieu, non comme le mal au bien, mais comme l'imaginaire au réel ou le poète au bourgeois.

Langage

Le blasphème et la posture ironique

Les trois poèmes se trouvaient dans la première édition de 1857, aucun des trois n'a été condamné. Pourtant la tradition catholique y est malmenée. « Le Reniement de saint Pierre », incitation à la révolte contre Dieu, comparé à un « tyran gorgé de viande et de vin », cité lors du procès, ne fut pourtant pas condamné.

Il faut dire que, dans l'édition de 1857, les trois poèmes étaient précédés d'un avertissement qui en atténuait la portée blasphématoire. Farce dérisoire ou désespoir blasphémateur ? On peut se demander quelle est la part de sincérité de cette déclaration prudente.

La Mort

CXXI.
LA MORT DES AMANTS

Nous aurons des lits pleins d'odeurs légères,
Des divans profonds comme des tombeaux,
Et d'étranges fleurs sur des étagères,
Écloses pour nous sous des cieux plus beaux.

Usant à l'envi leurs chaleurs dernières,   5
Nos deux cœurs seront deux vastes flambeaux,
Qui réfléchiront leurs doubles lumières
Dans nos deux esprits, ces miroirs jumeaux.

Un soir fait de rose et de bleu mystique,
Nous échangerons un éclair unique,   10
Comme un long sanglot, tout chargé d'adieux ;

Et plus tard un Ange, entrouvrant les portes,
Viendra ranimer, fidèle et joyeux,
Les miroirs ternis et les flammes mortes.

CXXII.
LA MORT DES PAUVRES

C'est la Mort qui console, hélas ! et qui fait vivre ;
C'est le but de la vie, et c'est le seul espoir
Qui, comme un élixir[1], nous monte[2] et nous enivre,
Et nous donne le cœur de marcher jusqu'au soir ;

À travers la tempête, et la neige, et le givre,   5
C'est la clarté vibrante à notre horizon noir ;

---

1. **Élixir :** médicament liquide (vieilli).
2. **Monte :** remonte (vieilli).

La Mort

C'est l'auberge fameuse inscrite sur le livre,
Où l'on pourra manger, et dormir, et s'asseoir ;

C'est un Ange qui tient dans ses doigts magnétiques
10 Le sommeil et le don des rêves extatiques,
Et qui refait le lit des gens pauvres et nus ;

C'est la gloire des Dieux, c'est le grenier mystique,
C'est la bourse du pauvre et sa patrie antique,
C'est le portique ouvert sur les Cieux inconnus !

CXXIII.
LA MORT DES ARTISTES

Combien faut-il de fois secouer mes grelots
Et baiser ton front bas, morne caricature ?
Pour piquer dans le but, de mystique nature,
Combien, ô mon carquois, perdre de javelots ?

5 Nous userons notre âme en de subtils complots,
Et nous démolirons mainte lourde armature,
Avant de contempler la grande Créature
Dont l'infernal désir nous remplit de sanglots !

Il en est qui jamais n'ont connu leur Idole,
10 Et ces sculpteurs damnés et marqués d'un affront,
Qui vont se martelant la poitrine et le front,

N'ont qu'un espoir, étrange et sombre Capitole[1] !
C'est que la Mort, planant comme un soleil nouveau,
Fera s'épanouir les fleurs de leur cerveau !

---

1. **Capitole :** la plus célèbre des sept collines de Rome.

CXXIV.
LA FIN DE LA JOURNÉE

Sous une lumière blafarde
Court, danse et se tord sans raison
La Vie, impudente et criarde.
Aussi, sitôt qu'à l'horizon

La nuit voluptueuse monte,   5
Apaisant tout, même la faim,
Effaçant tout, même la honte,
Le Poète se dit : « Enfin !

« Mon esprit, comme mes vertèbres,
Invoque ardemment le repos ;   10
Le cœur plein de songes funèbres,

« Je vais me coucher sur le dos
Et me rouler dans vos rideaux,
Ô rafraîchissantes ténèbres ! »

CXXV.
LE RÊVE D'UN CURIEUX

À F. N.

Connais-tu, comme moi, la douleur savoureuse,
Et de toi fais-tu dire : « Oh ! l'homme singulier ! »
— J'allais mourir. C'était dans mon âme amoureuse,
Désir mêlé d'horreur, un mal particulier ;

Angoisse et vif espoir, sans humeur factieuse[1].   5
Plus allait se vidant le fatal sablier,

---

1. **Factieuse :** qui fomente des troubles ou prépare une action violente
contre le pouvoir.

Plus ma torture était âpre et délicieuse ;
Tout mon cœur s'arrachait au monde familier.

J'étais comme l'enfant avide du spectacle,
10 Haïssant le rideau comme on hait un obstacle...
Enfin la vérité froide se révéla :

J'étais mort sans surprise, et la terrible aurore
M'enveloppait. — Eh quoi ! n'est-ce donc que cela ?
La toile était levée et j'attendais encore.

CXXVI.
LE VOYAGE

À Maxime Du Camp.

I

Pour l'enfant, amoureux de cartes et d'estampes,
L'univers est égal à son vaste appétit.
Ah ! que le monde est grand à la clarté des lampes !
Aux yeux du souvenir que le monde est petit !

5 Un matin nous partons, le cerveau plein de flamme,
Le cœur gros de rancune et de désirs amers,
Et nous allons, suivant le rythme de la lame,
Berçant notre infini sur le fini des mers :

Les uns, joyeux de fuir une patrie infâme ;
10 D'autres, l'horreur de leurs berceaux, et quelques-uns,
Astrologues noyés dans les yeux d'une femme,
La Circé[1] tyrannique aux dangereux parfums.

---

1. **Circé :** dans *l'Odyssée* d'Homère, magicienne qui transforma les compagnons d'Ulysse en porcs.

Pour n'être pas changés en bêtes, ils s'enivrent
D'espace et de lumière et de cieux embrasés ;
La glace qui les mord, les soleils qui les cuivrent,   15
Effacent lentement la marque des baisers.

Mais les vrais voyageurs sont ceux-là seuls qui partent
Pour partir ; cœurs légers, semblables aux ballons,
De leur fatalité jamais ils ne s'écartent,
Et, sans savoir pourquoi, disent toujours : Allons !   20

Ceux-là dont les désirs ont la forme des nues,
Et qui rêvent, ainsi qu'un conscrit le canon,
De vastes voluptés, changeantes, inconnues,
Et dont l'esprit humain n'a jamais su le nom !

II

Nous imitons, horreur ! la toupie et la boule   25
Dans leur valse et leurs bonds ; même dans nos sommeils
La Curiosité nous tourmente et nous roule
Comme un Ange cruel qui fouette des soleils.

Singulière fortune où le but se déplace,
Et, n'étant nulle part, peut être n'importe où !   30
Où l'Homme, dont jamais l'espérance n'est lasse,
Pour trouver le repos court toujours comme un fou !

Notre âme est un trois-mâts cherchant son Icarie[1] ;
Une voix retentit sur le pont : « Ouvre l'œil ! »
Une voix de la hune[2], ardente et folle, crie :   35
« Amour… gloire… bonheur ! » Enfer ! c'est un écueil !

Chaque îlot signalé par l'homme de vigie
Est un Eldorado promis par le Destin ;
L'Imagination qui dresse son orgie
Ne trouve qu'un récif aux clartés du matin.   40

---

1. **Icarie :** île grecque qui doit son nom au mythe d'Icare (c'est là que le héros serait tombé du ciel).
2. **Hune :** plate-forme située à l'extrémité supérieure d'un mât.

La Mort

Ô le pauvre amoureux des pays chimériques !
Faut-il le mettre aux fers, le jeter à la mer,
Ce matelot ivrogne, inventeur d'Amériques
Dont le mirage rend le gouffre plus amer ?

45 Tel le vieux vagabond, piétinant dans la boue,
Rêve, le nez en l'air, de brillants paradis ;
Son œil ensorcelé découvre une Capoue[1]
Partout où la chandelle illumine un taudis.

III

Étonnants voyageurs ! quelles nobles histoires
50 Nous lisons dans vos yeux profonds comme les mers !
Montrez-nous les écrins de vos riches mémoires,
Ces bijoux merveilleux, faits d'astres et d'éthers[2].

Nous voulons voyager sans vapeur et sans voile !
Faites, pour égayer l'ennui de nos prisons,
55 Passer sur nos esprits, tendus comme une toile,
Vos souvenirs avec leurs cadres d'horizons.

Dites, qu'avez-vous vu ?

IV

    « Nous avons vu des astres
Et des flots, nous avons vu des sables aussi ;
60 Et, malgré bien des chocs et d'imprévus désastres,
Nous nous sommes souvent ennuyés, comme ici.

« La gloire du soleil sur la mer violette,
La gloire des cités dans le soleil couchant,
Allumaient dans nos cœurs une ardeur inquiète
65 De plonger dans un ciel au reflet alléchant.

---

1. **Capoue :** ville d'Italie où les soldats d'Hannibal gâtèrent leur victoire
   en se laissant griser par les plaisirs.
2. **Éthers :** fluides subtils qui, selon les Anciens, remplissaient les espaces
   situés au-delà de l'atmosphère.

« Les plus riches cités, les plus grands paysages,
Jamais ne contenaient l'attrait mystérieux
De ceux que le hasard fait avec les nuages.
Et toujours le désir nous rendait soucieux !

« — La jouissance ajoute au désir de la force.   70
Désir, vieil arbre à qui le plaisir sert d'engrais,
Cependant que grossit et durcit ton écorce,
Tes branches veulent voir le soleil de plus près !

« Grandiras-tu toujours, grand arbre plus vivace
Que le cyprès ? — Pourtant nous avons, avec soin,   75
Cueilli quelques croquis pour votre album vorace,
Frères qui trouvez beau tout ce qui vient de loin !

« Nous avons salué des idoles à trompe ;
Des trônes constellés de joyaux lumineux ;
Des palais ouvragés dont la féerique pompe   80
Serait pour vos banquiers un rêve ruineux ;

« Des costumes qui sont pour les yeux une ivresse ;
Des femmes dont les dents et les ongles sont teints,
Et des jongleurs savants que le serpent caresse. »

V

Et puis, et puis encore ?   85

VI

« Ô cerveaux enfantins !

« Pour ne pas oublier la chose capitale,
Nous avons vu partout, et sans l'avoir cherché,
Du haut jusques en bas de l'échelle fatale,
Le spectacle ennuyeux de l'immortel péché :   90

« La femme, esclave vile, orgueilleuse et stupide,
Sans rire s'adorant et s'aimant sans dégoût ;
L'homme, tyran goulu, paillard, dur et cupide,
Esclave de l'esclave et ruisseau dans l'égout ;

La Mort

95 « Le bourreau qui jouit, le martyr qui sanglote ;
La fête qu'assaisonne et parfume le sang ;
Le poison du pouvoir énervant le despote,
Et le peuple amoureux du fouet abrutissant ;

« Plusieurs religions semblables à la nôtre,
100 Toutes escaladant le ciel ; la Sainteté,
Comme en un lit de plume un délicat se vautre,
Dans les clous et le crin cherchant la volupté ;

« L'Humanité bavarde, ivre de son génie,
Et, folle maintenant comme elle était jadis,
105 Criant à Dieu, dans sa furibonde agonie :
"Ô mon semblable, mon maître, je te maudis !"

« Et les moins sots, hardis amants de la Démence,
Fuyant le grand troupeau parqué par le Destin,
Et se réfugiant dans l'opium immense !
110 — Tel est du globe entier l'éternel bulletin. »

                    VII

Amer savoir, celui qu'on tire du voyage !
Le monde, monotone et petit, aujourd'hui,
Hier, demain, toujours, nous fait voir notre image :
Une oasis d'horreur dans un désert d'ennui !

115 Faut-il partir ? rester ? Si tu peux rester, reste ;
Pars, s'il le faut. L'un court, et l'autre se tapit
Pour tromper l'ennemi vigilant et funeste,
Le Temps ! Il est, hélas ! des coureurs sans répit,

Comme le Juif errant et comme les apôtres,
120 À qui rien ne suffit, ni wagon ni vaisseau,
Pour fuir ce rétiaire[1] infâme ; il en est d'autres
Qui savent le tuer sans quitter leur berceau.

---

1. **Rétiaire** : gladiateur armé d'un trident et d'un filet.

Lorsque enfin il mettra le pied sur notre échine,
Nous pourrons espérer et crier : En avant !
De même qu'autrefois nous partions pour la Chine,   125
Les yeux fixés au large et les cheveux au vent,

Nous nous embarquerons sur la mer des Ténèbres
Avec le cœur joyeux d'un jeune passager.
Entendez-vous ces voix charmantes et funèbres,
Qui chantent : « Par ici, vous qui voulez manger   130

« Le Lotus[1] parfumé ! c'est ici qu'on vendange
Les fruits miraculeux dont votre cœur a faim ;
Venez vous enivrer de la douceur étrange
De cette après-midi qui n'a jamais de fin ! »

À l'accent familier nous devinons le spectre ;   135
Nos Pylades[2] là-bas tendent leurs bras vers nous.
« Pour rafraîchir ton cœur nage vers ton Électre[3] ! »
Dit celle dont jadis nous baisions les genoux.

VIII

Ô Mort, vieux capitaine, il est temps ! levons l'ancre !
Ce pays nous ennuie, ô Mort ! Appareillons !   140
Si le ciel et la mer sont noirs comme de l'encre,
Nos cœurs que tu connais sont remplis de rayons !

Verse-nous ton poison pour qu'il nous réconforte !
Nous voulons, tant ce feu nous brûle le cerveau,
Plonger au fond du gouffre, Enfer ou Ciel, qu'importe ?   145
Au fond de l'Inconnu pour trouver du *nouveau* !

---

1. **Lotus :** fruit auquel les Anciens attribuaient le pouvoir de faire oublier sa patrie.
2. **Pylades :** Pylade, ami d'Oreste.
3. **Électre :** sœur d'Oreste, elle poussa son frère à tuer leur mère Clytemnestre pour venger le meurtre d'Agamemnon.

Clefs d'analyse

Le Voyage (CXXVI)

Compréhension

Composition du poème

- Montrez la rupture forte qui sépare les deux parties (VII et VIII).
- Retrouvez dans la partie VII les thèmes du recueil qui sont récapitulés.

Un voyage et une représentation du monde

- Suivez la métaphore filée de la croisière marine.
- Observez comment ce texte illustre la représentation d'un univers écartelé entre deux postulations, l'azur et le gouffre.

Le titre

- Montrez qu'il faut prendre le mot « voyage » dans tous les sens possibles (itinéraire d'une vie, paradis artificiels, mort).

Réflexion

Le procès du voyage

- Reprenez les arguments de Baudelaire pour démontrer la vanité du voyage (au sens propre et au sens métaphorique).

Le nouveau

- Commentez la rime *cerveau nouveau*.
- Interprétez le dernier vers.

À retenir :

La mort, depuis le début du recueil, a été présentée sous des images cauchemardesques comme la grande fatalité et comme l'irréversible dégradation des êtres et des choses. Ce poème propose une image contraire où la mort figure un fabuleux voyage. Elle suggère un ailleurs introuvable, promet du nouveau radical arraché à l'inconnu. Mais le dernier vers est un cri d'échec, l'aventure poétique n'a conduit le poète que jusqu'au seuil de la découverte, la révélation poétique, située de l'autre côté, est au-delà du cadre du recueil. La vérité poétique est encore à trouver.

Synthèse La Mort

Une allégorie et une promesse

La sixième section, « La Mort » est composée de six poèmes.

Thèmes

Le paradoxe de la fin

On ne peut que souligner le paradoxe de la construction : le recueil se termine sur le désir et l'apologie de la mort, donnée jusque-là comme une malédiction et une fatalité redoutée. Seule la mort offre ce que le monde n'a pas su lui donner : l'apaisement (« La Mort des amants »), la consolation (« La Mort des pauvres »), l'inspiration (« La Mort des artistes »), le nouveau (« Le Voyage »). Le poète investit ses dernières espérances dans l'au-delà, la mort, parce qu'elle est inconnue et inconnaissable.

Langage

La mort, une allégorie de l'art

L'attirance pour la mort n'est pas une tentation du suicide, mais la posture esthétique du poète qui expérimente le vertige de la méditation au bord du gouffre. Il ne s'agit pas de la mort vécue, mais d'une image de la vérité poétique où la mort et l'art se rejoignent. En effet, comme la beauté qui venait indifféremment de l'Enfer ou du Ciel (« Hymne à la beauté ») : « Viens-tu du ciel profond ou sors-tu de l'abîme/ [...] De Satan ou de Dieu qu'importe ? », la mort hésite entre ces contraires.

La mort n'est pas une fin mais une promesse (« Le Voyage ») : « Plonger au fond du gouffre, Enfer ou Ciel, qu'importe ?/Au fond de l'Inconnu pour trouver du nouveau. »

Frontispice de Félicien Rops (1833-1898) pour *Les Épaves,*
édition belge de 1866 des poèmes condamnés de Baudelaire.

Pièces condamnées

XXI ^{bis}.
LES BIJOUX

La très-chère était nue, et, connaissant mon cœur,
Elle n'avait gardé que ses bijoux sonores,
Dont le riche attirail lui donnait l'air vainqueur
Qu'ont dans leurs jours heureux les esclaves des Mores [1].

Quand il jette en dansant son bruit vif et moqueur, 5
Ce monde rayonnant de métal et de pierre
Me ravit en extase, et j'aime avec fureur
Les choses où le son se mêle à la lumière.

Elle était donc couchée, et se laissait aimer,
Et du haut du divan elle souriait d'aise 10
À mon amour profond et doux comme la mer,
Qui vers elle montait comme vers sa falaise.

Les yeux fixés sur moi, comme un tigre dompté,
D'un air vague et rêveur elle essayait des poses,
Et la candeur unie à la lubricité 15
Donnait un charme neuf à ses métamorphoses ;

Et son bras et sa jambe, et sa cuisse et ses reins,
Polis comme de l'huile, onduleux comme un cygne,
Passaient devant mes yeux clairvoyants et sereins ;
Et son ventre et ses seins, ces grappes de ma vigne, 20

S'avançaient, plus câlins que les anges du mal,
Pour troubler le repos où mon âme était mise,
Et pour la déranger du rocher de cristal,
Où calme et solitaire elle s'était assise.

---

1. **Mores :** peuple du nord de l'Afrique.

25 Je croyais voir unis pour un nouveau dessin
Les hanches de l'Antiope[1] au buste d'un imberbe,
Tant sa taille faisait ressortir son bassin.
Sur ce teint fauve et brun le fard était superbe !

– Et la lampe s'étant résignée à mourir,
30 Comme le foyer seul illuminait la chambre,
Chaque fois qu'il poussait un flamboyant soupir,
Il inondait de sang cette peau couleur d'ambre !

XXXIbis.
LE LÉTHÉ[2]

Viens sur mon cœur, âme cruelle et sourde,
Tigre adoré, monstre aux airs indolents ;
Je veux longtemps plonger mes doigts tremblants
Dans l'épaisseur de ta crinière lourde ;

5 Dans tes jupons remplis de ton parfum
Ensevelir ma tête endolorie,
Et respirer, comme une fleur flétrie,
Le doux relent de mon amour défunt.

Je veux dormir ! dormir plutôt que vivre !
10 Dans un sommeil aussi doux que la mort,
J'étalerai mes baisers sans remords
Sur ton beau corps poli comme le cuivre.

---

1. **Antiope** : sœur d'Hippolyte, reine des Amazones.
2. **Léthé** : fleuve d'oubli, un des fleuves des Enfers, dans la mythologie
   grecque. Ses eaux, au cours insensible et silencieux, avaient la propriété de faire oublier le passé à ceux qui en avaient bu une fois. Les
   ombres des morts, en descendant aux Enfers, devaient y boire l'oubli
   des maux et des plaisirs de la vie terrestre.

Pour engloutir mes sanglots apaisés
Rien ne me vaut l'abîme de ta couche ;
L'oubli puissant habite sur ta bouche,   15
Et le Léthé coule dans tes baisers.

À mon destin, désormais mon délice,
J'obéirai comme un prédestiné ;
Martyr docile, innocent condamné,
Dont la ferveur attise le supplice,   20

Je sucerai, pour noyer ma rancœur,
Le népenthès[1] et la bonne ciguë
Aux bouts charmants de cette gorge aiguë,
Qui n'a jamais emprisonné de cœur.

XLIIIbis.
À CELLE QUI EST TROP GAIE

Ta tête, ton geste, ton air
Sont beaux comme un beau paysage ;
Le rire joue en ton visage
Comme un vent frais dans un ciel clair.

Le passant chagrin que tu frôles   5
Est ébloui par la santé
Qui jaillit comme une clarté
De tes bras et de tes épaules.

Les retentissantes couleurs
Dont tu parsèmes tes toilettes   10
Jettent dans l'esprit des poètes
L'image d'un ballet de fleurs.

---

1. **Népenthès** : plante magique contre la tristesse dans l'Antiquité grecque.

Ces robes folles sont l'emblême
De ton esprit bariolé ;
15 Folle dont je suis affolé,
Je te hais autant que je t'aime !

Quelquefois dans un beau jardin,
Où je traînais mon atonie[1],
J'ai senti, comme une ironie,
20 Le soleil déchirer mon sein ;

Et le printemps et la verdure
Ont tant humilié mon cœur,
Que j'ai puni sur une fleur
L'insolence de la nature.

25 Ainsi je voudrais, une nuit,
Quand l'heure des voluptés sonne,
Vers les trésors de ta personne
Comme un lâche ramper sans bruit,

Pour châtier ta chair joyeuse,
30 Pour meurtrir ton sein pardonné,
Et faire à ton flanc étonné
Une blessure large et creuse,

Et, vertigineuse douceur !
À travers ces lèvres nouvelles,
35 Plus éclatantes et plus belles,
T'infuser mon venin, ma sœur !

CX[bis].
LESBOS[2]

Mère des jeux latins et des voluptés grecques,
Lesbos, où les baisers, languissants ou joyeux,

---

1. **Atonie :** manque de vitalité.
2. **Lesbos :** île grecque où vivait la poétesse Sapho.

Chauds comme les soleils, frais comme les pastèques,
Font l'ornement des nuits et des jours glorieux,
Mère des jeux latins et des voluptés grecques,   5

Lesbos, où les baisers sont comme les cascades
Qui se jettent sans peur dans les gouffres sans fonds
Et courent, sanglotant et gloussant par saccades,
Orageux et secrets, fourmillants et profonds ;
Lesbos, où les baisers sont comme les cascades !   10

Lesbos, où les Phrynés[1] l'une l'autre s'attirent,
Où jamais un soupir ne resta sans écho,
À l'égal de Paphos[2] les étoiles t'admirent,
Et Vénus à bon droit peut jalouser Sapho[3] !
Lesbos, où les Phrynés l'une l'autre s'attirent,   15

Lesbos, terre des nuits chaudes et langoureuses,
Qui font qu'à leurs miroirs, stérile volupté !
Les filles aux yeux creux, de leurs corps amoureuses,
Caressent les fruits mûrs de leur nubilité[4],
Lesbos, terre des nuits chaudes et langoureuses,   20

Laisse du vieux Platon se froncer l'œil austère ;
Tu tires ton pardon de l'excès des baisers,
Reine du doux empire, aimable et noble terre,
Et des raffinements toujours inépuisés.
Laisse du vieux Platon se froncer l'œil austère.   25

Tu tires ton pardon de l'éternel martyre,
Infligé sans relâche aux cœurs ambitieux,
Qu'attire loin de nous le radieux sourire
Entrevu vaguement au bord des autres cieux !
Tu tires ton pardon de l'éternel martyre !   30

---

1. **Phrynés :** courtisanes, du nom d'une célèbre courtisane grecque.
2. **Paphos :** autre nom de l'île de Chypre consacrée à Aphrodite, déesse de l'Amour.
3. **Sapho :** poétesse grecque (vɪᵉ siècle avant J.-C.) qui célébrait l'amour lesbien.
4. **Nubilité :** état d'une jeune fille nubile, pubère.

Pièces condamnées

Qui des Dieux osera, Lesbos, être ton juge,
Et condamner ton front pâli dans les travaux,
Si ses balances d'or n'ont pesé le déluge
De larmes qu'à la mer ont versé tes ruisseaux ?
35 Qui des Dieux osera, Lesbos, être ton juge ?

Que nous veulent les lois du juste et de l'injuste ?
Vierges au cœur sublime, honneur de l'archipel,
Votre religion comme une autre est auguste,
Et l'amour se rira de l'Enfer et du Ciel !
40 Que nous veulent les lois du juste et de l'injuste ?

Car Lesbos entre tous m'a choisi sur la terre
Pour chanter le secret de ses vierges en fleur,
Et je fus dès l'enfance admis au noir mystère
Des rires effrénés mêlés aux sombres pleurs ;
45 Car Lesbos entre tous m'a choisi sur la terre.

Et depuis lors je veille au sommet de Leucate[1],
Comme une sentinelle, à l'œil perçant et sûr,
Qui guette nuit et jour brick[2], tartane[3] ou frégate[4],
Dont les formes au loin frissonnent dans l'azur,
50 Et depuis lors je veille au sommet de Leucate

Pour savoir si la mer est indulgente et bonne,
Et parmi les sanglots dont le roc retentit
Un soir ramènera vers Lesbos, qui pardonne,
Le cadavre adoré de Sapho, qui partit
55 Pour savoir si la mer est indulgente et bonne !

De la mâle Sapho, l'amante et le poète,
Plus belle que Vénus par ses mornes pâleurs !

---

1. **Leucate :** rocher d'où Sapho se serait jetée à la mer.
2. **Brick :** voilier à deux mâts.
3. **Tartane :** petit bâtiment à deux mâts et à voile triangulaire autrefois
   utilisé pour le cabotage ou la pêche en Méditerranée (mot rare).
4. **Frégate :** vaisseau rapide.

– L'œil d'azur est vaincu par l'œil noir que tachette
Le cercle ténébreux tracé par les douleurs
De la mâle Sapho, l'amante et le poète !   60

– Plus belle que Vénus se dressant sur le monde
Et versant les trésors de sa sérénité
Et le rayonnement de sa jeunesse blonde
Sur le vieil Océan de sa fille enchanté ;
Plus belle que Vénus se dressant sur le monde !   65

– De Sapho qui mourut le jour de son blasphème,
Quand, insultant le rite et le culte inventé,
Elle fit son beau corps la pâture suprême
D'un brutal dont l'orgueil punit l'impiété
De Sapho qui mourut le jour de son blasphème.   70

Et c'est depuis ce temps que Lesbos se lamente,
Et, malgré les honneurs que lui rend l'univers,
S'enivre chaque nuit du cri de la tourmente
Que poussent vers les cieux ses rivages déserts !
Et c'est depuis ce temps que Lesbos se lamente !   75

CX*ter*.
FEMMES DAMNÉES

DELPHINE ET HIPPOLYTE

À la pâle clarté des lampes languissantes,
Sur de profonds coussins tout imprégnés d'odeur,
Hippolyte rêvait aux caresses puissantes
Qui levaient le rideau de sa jeune candeur.

Elle cherchait d'un œil troublé par la tempête,   5
De sa naïveté le ciel déjà lointain,
Ainsi qu'un voyageur qui retourne la tête
Vers les horizons bleus dépassés le matin.

De ses yeux amortis les paresseuses larmes,
10 L'air brisé, la stupeur, la morne volupté,
Ses bras vaincus, jetés comme de vaines armes,
Tout servait, tout parait sa fragile beauté.

Étendue à ses pieds, calme et pleine de joie,
Delphine la couvait avec des yeux ardents,
15 Comme un animal fort qui surveille une proie,
Après l'avoir d'abord marquée avec les dents.

Beauté forte à genoux devant la beauté frêle,
Superbe, elle humait voluptueusement
Le vin de son triomphe, et s'allongeait vers elle,
20 Comme pour recueillir un doux remercîment.

Elle cherchait dans l'œil de sa pâle victime
Le cantique muet que chante le plaisir,
Et cette gratitude infinie et sublime
Qui sort de la paupière ainsi qu'un long soupir.

25 – « Hippolyte, cher cœur, que dis-tu de ces choses ?
Comprends-tu maintenant qu'il ne faut pas offrir
L'holocauste[1] sacré de tes premières roses
Aux souffles violents qui pourraient les flétrir ?

« Mes baisers sont légers comme ces éphémères
30 Qui caressent le soir les grands lacs transparents,
Et ceux de ton amant creuseront leurs ornières
Comme des chariots ou des socs déchirants ;

« Ils passeront sur toi comme un lourd attelage
De chevaux et de bœufs aux sabots sans pitié...
35 Hippolyte, ô ma sœur ! tourne donc ton visage,
Toi, mon âme et mon cœur, mon tout et ma moitié,

---

1. **Holocauste :** sacrifice.

« Tourne vers moi tes yeux pleins d'azur et d'étoiles !
Pour un de ces regards charmants, baume divin,
Des plaisirs plus obscurs je lèverai les voiles,
Et je t'endormirai dans un rêve sans fin ! »   40

Mais Hippolyte alors, levant sa jeune tête :
– « Je ne suis point ingrate et ne me repens pas,
Ma Delphine, je souffre et je suis inquiète,
Comme après un nocturne et terrible repas.

« Je sens fondre sur moi de lourdes épouvantes   45
Et de noirs bataillons de fantômes épars,
Qui veulent me conduire en des routes mouvantes
Qu'un horizon sanglant ferme de toutes parts.

« Avons-nous donc commis une action étrange ?
Explique, si tu peux, mon trouble et mon effroi :   50
Je frissonne de peur quand tu me dis : "mon ange !"
Et cependant je sens ma bouche aller vers toi.

« Ne me regarde pas ainsi, toi, ma pensée !
Toi que j'aime à jamais, ma sœur d'élection,
Quand même tu serais une embûche dressée   55
Et le commencement de ma perdition ! »

Delphine secouant sa crinière tragique,
Et comme trépignant sur le trépied[1] de fer,
L'œil fatal, répondit d'une voix despotique :
– « Qui donc devant l'amour ose parler d'enfer ?   60

« Maudit soit à jamais le rêveur inutile,
Qui voulut le premier, dans sa stupidité,
S'éprenant d'un problème insoluble et stérile,
Aux choses de l'amour mêler l'honnêteté !

---

1. **Trépied :** allusion à la Pythie qui prophétisait assise sur un trépied.

65 « Celui qui veut unir dans un accord mystique
L'ombre avec la chaleur, la nuit avec le jour,
Ne chauffera jamais son corps paralytique
À ce rouge soleil que l'on nomme l'amour !

« Va, si tu veux, chercher un fiancé stupide ;
70 Cours offrir un cœur vierge à ses cruels baisers ;
Et, pleine de remords et d'horreur, et livide,
Tu me rapporteras tes seins stigmatisés[1] ;

« On ne peut ici bas contenter qu'un seul maître ! »
Mais l'enfant, épanchant une immense douleur,
75 Cria soudain : – « Je sens s'élargir dans mon être
Un abîme béant ; cet abîme est mon cœur,

« Brûlant comme un volcan, profond comme le vide ;
Rien ne rassasiera ce monstre gémissant
Et ne rafraîchira la soif de l'Euménide[2],
80 Qui, la torche à la main, le brûle jusqu'au sang.

« Que nos rideaux fermés nous séparent du monde,
Et que la lassitude amène le repos !
Je veux m'anéantir dans ta gorge profonde,
Et trouver sur ton sein la fraîcheur des tombeaux ! »

85 Descendez, descendez, lamentables victimes,
Descendez le chemin de l'enfer éternel ;
Plongez au plus profond du gouffre où tous les crimes,
Flagellés par un vent qui ne vient pas du ciel,

Bouillonnent pêle-mêle avec un bruit d'orage.
90 Ombres folles, courez au but de vos désirs ;
Jamais vous ne pourrez assouvir votre rage,
Et votre châtiment naîtra de vos plaisirs.

---

1. **Stigmatisés :** qui porte la cicatrice de blessures semblables à celles
du Christ.
2. **Euménide :** ce nom signifie « bienveillante » et les Grecs l'employaient
pour désigner les terribles furies, divinités de la Vengeance.

Jamais un rayon frais n'éclaira vos cavernes ;
Par les fentes des murs des miasmes fiévreux
Filtrent en s'enflammant ainsi que des lanternes
Et pénètrent vos corps de leurs parfums affreux.

L'âpre stérilité de votre jouissance
Altère votre soif et roidit votre peau,
Et le vent furibond de la concupiscence
Fait claquer votre chair ainsi qu'un vieux drapeau.

Loin des peuples vivants, errantes, condamnées,
À travers les déserts courez comme les loups ;
Faites votre destin, âmes désordonnées,
Et fuyez l'infini que vous portez en vous !

95

100

CXV *bis*.
LES MÉTAMORPHOSES
DU VAMPIRE

La femme cependant, de sa bouche de fraise,
En se tordant ainsi qu'un serpent sur la braise,
Et pétrissant ses seins sur le fer de son busc[1],
Laissait couler ces mots tout imprégnés de musc[2] :
5   – « Moi, j'ai la lèvre humide, et je sais la science
De perdre au fond d'un lit l'antique conscience.
Je sèche tous les pleurs sur mes seins triomphants
Et fais rire les vieux du rire des enfants.
Je remplace, pour qui me voit nue et sans voiles,
10   La lune, le soleil, le ciel et les étoiles !
Je suis, mon cher savant, si docte aux voluptés,
Lorsque j'étouffe un homme en mes bras veloutés,
Ou lorsque j'abandonne aux morsures mon buste,
Timide et libertine, et fragile et robuste,
15   Que sur ces matelas qui se pâment d'émoi,
Les anges impuissants se damneraient pour moi ! »

Quand elle eut de mes os sucé toute la moelle,
Et que languissamment je me tournai vers elle
Pour lui rendre un baiser d'amour, je ne vis plus
20   Qu'une outre aux flancs gluants, toute pleine de pus !
Je fermai les deux yeux, dans ma froide épouvante,
Et quand je les rouvris à la clarté vivante,
À mes côtés, au lieu du mannequin puissant
Qui semblait avoir fait provision de sang,
25   Tremblaient confusément des débris de squelette,
Qui d'eux-mêmes rendaient le cri d'une girouette
Ou d'une enseigne, au bout d'une tringle de fer,
Que balance le vent pendant les nuits d'hiver.

---

1. **Busc :** lame de métal utilisée pour maintenir les corsages.
2. **Musc :** parfum oriental.

POUR
APPROFONDIR

Genre, thèmes, langage

Genres et registres

La forme poétique

BAUDELAIRE n'a pas écrit de longs poèmes, il préfère les formes courtes, partageant le point de vue d'Edgar Poe : « Tout ce qui dépasse la longueur de l'attention que l'être humain peut prêter à la forme poétique n'est pas un poème. » La poésie doit aller à l'essence des choses, elle n'est pas faite pour raconter.

Le sonnet

Les poètes qui refusent les effusions romantiques et mettent en valeur la fécondité des contraintes formelles (Leconte de Lisle, Heredia) remettent au goût du jour le sonnet, qui permet au poète de montrer sa virtuosité : il s'agit de donner le maximum de sens avec une économie extraordinaire de moyens. Le goût de Baudelaire pour le sonnet est indiscutable (71 sonnets sur 123 poèmes).

Le sonnet est une forme fixe ancienne (XVIᵉ siècle). Il est soumis à des règles très strictes (codifiées par Banville), règles que Baudelaire ne respecte pas toujours à la lettre (trois sonnets seulement dans les *Fleurs du mal* suivent le modèle de Banville). Le sonnet est composé de deux quatrains (groupes de quatre vers) suivis de deux tercets (groupes de trois vers). Le second quatrain doit reprendre les rimes du premier, et les deux tercets se décomposent en un distique (groupe de 2 vers), suivi d'un quatrain (ou l'inverse, le sonnet anglais se termine par un distique). Le sonnet s'achève souvent par une « pointe » qui crée un effet de surprise (ainsi « Le Dormeur du val » de Rimbaud). Baudelaire produit rarement de semblables retournements de sens dans le dernier vers, mais il joue de l'opposition entre les quatrains et les tercets. La forme s'associe facilement à l'argumentation (comparaison, par exemple, dans « Correspondances », « Les Hiboux »). Le passage des quatrains aux tercets devient ainsi le lieu privilégié de la *volta* (tournant logique ou au moins changement d'aspect). On a, dans le travail du sonnet par Baudelaire, une image de ses intentions : utiliser un matériau préexistant, dans une intention novatrice et personnelle.

La rime

Les exigences postromantiques sont moindres que celles de Malherbe. Globalement, Baudelaire respecte les grandes règles du classicisme. Si l'on relève quelques rimes faciles dans les *Fleurs du mal* (c'est-à-dire entre mots très proches par le sens ou entre mots de même catégorie grammaticale qui ont en commun l'élément terminal : clarté/gaieté), on ne peut pas parler d'innovation : ce sont des négligences involontaires. On est loin de Verlaine qui cultivera exprès ce genre de facilités, répétant parfois le même mot à la rime. Baudelaire bannit la rime pauvre, c'est-à-dire une rime qui porte sur la seule voyelle finale (on en compte 80 sur 3 000 vers) : le poème le plus « relâché » à cet égard est « Brumes et Pluies » (les quatrains n'ont que des rimes pauvres : boue/loue, cerveau/tombeau...).

Baudelaire préfère la rime riche qui répète trois sons distincts, comme dans « La beauté » : pierre/matière [iɛr], attitudes/études [tyd]. Il pense que la contrainte de la rime est productrice de sens. Dans *« Sed non satiata »*, le mot « havane » semble appeler « savane, pavane, caravane » (rimes très riches en [avan]). Ce travail sur les sonorités s'accompagne de nombreux jeux sonores, allitérations (répétition de la même consonne) et assonances (répétition de la même voyelle). Le quatrième poème « Spleen » (LXXVIII) est saturé des sonorités du mot qui donne le titre [splin].

La structure du vers

Dans le domaine rythmique, Baudelaire n'a pas été un grand inventeur. Il utilise de préférence l'alexandrin (vers de douze syllabes). Il sait tirer des effets de musicalité de l'alternance de deux mètres différents, dans « L'Invitation au voyage » (pentasyllabes et heptasyllabes : 5 et 7 syllabes), ou dans « La Musique » (alexandrins et pentasyllabes : 12 et 5 syllabes). Respectant le plus souvent le principe de la césure à l'hémistiche qui coupe l'alexandrin en deux groupes de six syllabes, Baudelaire use peu de la dislocation. Le trimètre romantique (alexandrin à trois temps) est une nouvelle structure, souvent utilisée par Hugo. Baudelaire reprend avec mesure cet héritage romantique, comme dans « *Semper eadem* » :

« Vivre est un mal./C'est un secret/de tous connus. »

Il est en retrait par rapport aux audaces de Hugo : chez lui, peu d'effets de discordances, les rejets et contre-rejets sont rares (on trouve un exemple très marqué dans « Les Sept Vieillards », au vers 17, où le verbe « m'apparut » est séparé de son sujet). Baudelaire préfère des discordances peu marquées entre la phrase et le vers, comme les enjambements, marquant des effets de prolongement plutôt que de rupture. C'est dans « Le Voyage » que les discordances sont les plus nombreuses.

Le renouvellement de la tradition lyrique

Baudelaire insiste sur l'importance de la forme et sur le travail poétique. En effet, *Les Fleurs du mal* ne sont pas de la littérature de confession. Baudelaire déteste Musset qui, selon lui, est « mauvais poète », il refuse la complaisance de l'introspection et le pur épanchement lyrique. La poésie n'est pas le journal intime des états d'âme. Aucun de ses poèmes ne s'explique par la vie de l'auteur. Baudelaire s'écarte de toute sentimentalité personnelle. Avec lui commence la « dépersonnalisation » de la poésie lyrique (l'expression est de Hugo Friedrich). Barbey d'Aurevilly souligne dès la publication l'avènement du lyrisme impersonnel. L'itinéraire spirituel des *Fleurs du mal* est un drame universel (amour, mélancolie, désespoir) dont le poète est l'acteur anonyme. Baudelaire met en scène un « je », sujet lyrique, qui est le poète, mais qui n'est pas Baudelaire.

Les Fleurs du mal substitue au psychologisme anecdotique de la poésie romantique le tragique d'une destinée où se lisent les signes de la modernité.

Le poète est la figure principale du recueil :
– « Bénédiction » le présente comme un enfant déshérité, où la malédiction visible s'accompagne d'une bénédiction invisible (retrouvant le mythe romantique de la prédestination).
– « Élévation » donne une définition du poète : il est celui qui « comprend sans effort/Le langage des fleurs et des choses muettes ».
– « L'Albatros » met en scène son abaissement dans la multitude, « exilé sur la terre » il reste « le prince des nuées ».
– « Correspondances » définit le poète comme le savant déchiffreur de l'universelle analogie.
– « La Muse vénale » le présente comme un ouvrier qui ne ménage pas sa peine.

Les sens du titre

Le titre désigne la double postulation qui existe en tout homme, vers Dieu et vers Satan. On retrouve cette fêlure dans le titre de la première section « Spleen et Idéal », double appel et double tentation. Le choix de deux mots de sens opposé (oxymore) entre dans l'intention provocatrice de Baudelaire : la fleur connote la pureté et la beauté, elle représente le contraire du « mal ». Cette incompatibilité entre les deux termes met en place la dynamique d'une poésie déchirée entre ses contradictions où l'être est à la fois fasciné par le bien et par le mal, où il n'y a pas d'espace neutre entre les deux. Sur cette première figure se greffe une métaphore, le mal est considéré comme une plante qui a atteint sa maturité (fleur) dans le cœur de l'homme. Et sur cette deuxième figure se greffe une syllepse de sens (double sens), le mal, au singulier, actualisé par un article défini désigne toutes les formes de souffrance, le mal physique autant que métaphysique, le mal social (le poète s'intéresse aux êtres déchus), le mal moral (sadisme et goût du crime). À cela s'ajoute une intention ironique. Le mot « fleur » en tête d'un recueil poétique rappelle les *anthologies* ou les *florilèges* (présentés comme des bouquets de poèmes), mais il désigne ici des fleurs vénéneuses avec lesquelles Baudelaire entend bien empoisonner son lecteur.

Le péché est considéré comme esthétiquement fécond. Il s'agit d'extraire la beauté du mal, dans une perspective où la poésie est conçue comme une opération alchimique : « Tu m'as donné ta boue, j'en ai fait de l'or ». Ce titre, qui est presque un jeu de mots, annonce le rire grinçant du poète maudit.

Structure du recueil : discontinuité, disproportion, ordre et unité

Les poèmes ne sont pas classés dans l'ordre chronologique de leur écriture, mais selon des principes propres. Les poèmes séparés sont une collection d'instants privilégiés d'une exceptionnelle densité, mais séparés les uns des autres. Chaque poème est un tout, on peut ouvrir le recueil au hasard. La fragmentation permet de figurer cette mobilité inquiète entre les deux postulations.

Le recueil est composé de parties : les six sections sont d'une longueur très inégale. Sous ce découpage, on peut dégager une structure ternaire : le premier temps (« Spleen et Idéal ») développe le constat détaillé d'un état intenable. Le deuxième temps (parties II à V) embrasse tous les paradis artificiels. Le troisième temps (« La Mort ») est celui d'un fragile apaisement.

Les poèmes sont ordonnés selon un mouvement cyclique, où toute élévation est suivie d'une retombée. C'est une quête toujours déçue au tracé général descendant, qui aboutit toujours au spleen. Chaque section s'achève sur la mort.

Genre, thèmes, langage

Baudelaire est souvent revenu sur la cohérence rigoureuse de la composition : « Le seul éloge que je sollicite pour ce livre est qu'on reconnaisse qu'il n'est pas un pur album et qu'il a un commencement et une fin » (lettre à Vigny, 1861). La beauté ne peut résulter que de la raison et du calcul.

Thèmes et langage

Baudelaire manifeste une totale confiance dans le langage. Il voit le monde comme un dictionnaire : « Tout l'univers visible n'est qu'un magasin d'images et de signes auxquels l'imagination donnera une place et une valeur relative. »

Images et correspondances

Dans le sonnet intitulé « Correspondances », où Baudelaire explicite son esthétique, on voit comment les correspondances permettent de dégager l'essence des choses. Il distingue deux types de correspondances :
– Les correspondances verticales, qui donnent la possibilité d'associer des réalités sensibles à des réalités intelligibles (« La nature est un temple »).
– Les correspondances horizontales, qui associent une réalité d'ordre sensoriel avec une autre réalité d'ordre sensoriel, par l'intermédiaire d'un adjectif (« des parfums frais »). L'association des termes est ici une herméneutique, c'est-à-dire un moyen d'investigation du monde, elle peut aboutir à la production de synesthésies (confusion des différents sens).

Devant les failles du monde et contre les fissures du moi, le poète fait appel à l'imagination : les images sont les instruments privilégiés de la correspondance, elles permettent de réunir ce qui, dans l'ordre du réel, reste irrémédiablement disjoint et douloureusement séparé. L'image devient un moyen d'exorciser la multiplicité angoissante et dispersée du monde moderne, un moyen d'appréhender le monde et de le réordonner. Baudelaire accorde à l'imagination et à l'image une place centrale.

L'écriture de Baudelaire est, dans l'ensemble, classique, mais par l'emploi et la densité des images, il ouvre la porte à la poésie moderne.

Baudelaire modifie l'idée qu'on se fait du rôle de l'image. Les classiques sont des partisans modérés de l'image, ils ne veulent pas de hardiesse dans l'usage de la langue, ils condamnent la métaphore forcée (tirée par les cheveux). Il faut, selon eux, employer des images reçues et se méfier des images nouvelles. Baudelaire s'oppose à la conception classique de l'image. Chacun doit inventer ses métaphores et non pas les emprunter à d'autres (rejoignant la tradition baroque et Hugo, et annonçant Rimbaud et les surréalistes).

Métaphore et unité

L'image est un refus de l'ordre établi dans le monde par l'intelligence classificatrice. Pour les classiques, l'image est essentiellement un ornement (embellir, fleurir le discours), pour le XVIIIe siècle, les images ont une valeur affective (les images bien choisies réveillent les passions). Pour Baudelaire, la poésie apparaît comme un moyen de connaissance, où l'image est un moyen particulièrement propre à saisir les divers aspects de l'analogie universelle. Le poète est un esprit mystique qui cherche l'unité du monde. La nature entière étant une image de Dieu, le poète ne peut avoir de but plus sublime que de rechercher des rapports secrets en rapprochant les divers reflets imparfaits de la création. L'image aura donc une position centrale et privilégiée, elle exprime les vérités secrètes, dévoile, révèle.

Avec la métaphore, on quitte le langage de la dénotation (des classements qui aboutissent au morcellement arbitraire de l'univers) pour le langage de la connotation grâce auquel le monde est senti comme continu.

Genre, thèmes, langage

La véritable modernité est dans l'affirmation du rôle ontologique du verbe poétique.

Allégorie

Baudelaire place l'allégorie au plus haut de la hiérarchie des figures. Traduisant la pensée en images, l'allégorie possède une grande vertu explicative, comme en témoigne l'anecdote de l'albatros. C'est cette vertu qui rapproche l'allégorie des genres didactiques (fables, paraboles et mythes).

Le critique Jean Starobinski (*La Mélancolie au miroir, trois lectures de Baudelaire,* Julliard, 1989) passe en revue les figurants mélancoliques des *Fleurs du Mal*, qu'il appelle les répondants allégoriques du poète : moine fainéant, chat errant dans la gouttière, vieux sphinx, etc. Il analyse deux images, le roi (« je suis comme le roi d'un pays pluvieux », « Spleen » LXXVII) et surtout son image antithétique, le bouffon (clown tragique dont l'albatros est un avatar). Les représentations allégoriques du poète sont nombreuses : le roi, le bouffon, le chat, le hibou... Être, animal ou objet deviennent des images du poète : « Je suis de mon cœur le vampire » (« L'Héautontimorouménos »), « Mon âme est un tombeau » (« Le Mauvais Moine »), « Mon cœur est un palais flétri par la cohue » (« Causerie »).

Tombeau, flacon, palais, le sujet lyrique s'identifie explicitement à un objet privé de toute humanité, l'allégorie est l'instrument qui permet de présenter le processus de destruction de soi, elle devient chez Baudelaire l'instrument de la dépersonnalisation, elle dit la coïncidence perdue entre l'âme et la nature éternelle.

Il faut mettre en rapport l'allégorie avec la dualité de l'artiste sur laquelle Baudelaire insiste : l'allégorie entre « dans la classe de tous les phénomènes artistiques qui dénotent dans l'être humain l'existence d'une dualité permanente, la puissance d'être à la fois soi et un autre » (Baudelaire, *De l'essence du rire*).

Genre, thèmes, langage

Et dans « Les Foules » *(Le Spleen de Paris)*, il écrit : « Le poète jouit de cet incomparable privilège, qu'il peut à sa guise être lui-même et autrui. Comme ces âmes errantes qui cherchent un corps, il entre quand il veut, dans le personnage de chacun. Pour lui seul, tout est vacant. » Cette idée est illustrée dans « Le Cygne » : « Tout pour moi devient allégorie. »

L'allégorie permet de représenter l'exil de soi dans l'altérité des figures allégoriques, dans un monde du manque et de l'exil, où tout devient allégorie.

Dans la réalité des textes, l'opposition entre allégorie et symbole n'est pas toujours facile à faire. « Le Cygne », par exemple, est un poème qui pour tout théoricien romantique ne saurait être que symbolique (le chant du cygne, l'oiseau signe et l'exil du poète). Mais l'image est dramatisée, le cygne du poème parle de façon aussi artificielle qu'un animal de fable : « Eau, quand donc pleuvras-tu ? quand tonneras-tu, foudre ? » (la prosopopée est un trait allégorique). De plus, Baudelaire impose sa propre interprétation de la scène : « Je vois ce malheureux, mythe étrange et fatal… », démarche qui le rapproche de l'allégoriste plus que du symboliste. C'est d'ailleurs au mot allégorie qu'il recourt finalement : « Vieux faubourgs, tout pour moi devient allégorie. »

Le symbole

La défense et illustration de l'allégorie telle qu'on la trouve dans *Les Fleurs du mal* ne doit pas faire oublier qu'il y a aussi chez Baudelaire des poèmes qui relèvent exclusivement du symbole, le sonnet « Correspondances » met en place une théorie poétique du symbole.

Le symbole selon Baudelaire est l'expression d'un rapport entre le monde humain et celui du sacré. Le rôle du symbole est bien de rappeler sous une forme allusive la parenté qui unit le monde où nous vivons à un monde surnaturel, son modèle idéal. Les poètes comme Baudelaire supposent qu'il y a entre le visible et l'invisible une correspondance secrète (correspondances verticales) et se définissent comme des déchiffreurs d'analogies. C'est ainsi que le symbole (qui remonte de l'apparence au divin) est associé à la quête d'un monde spirituel, tantôt celui du ciel, tantôt celui de la beauté.

Oxymore et antithèse : les deux postulations

L'antithèse est une opposition entre deux mots (deux expressions, deux vers, deux parties). L'oxymore joint les mots contradictoires dans une alliance de mots (« le jour noir »). Ces figures sont particulièrement aptes à exprimer la vision d'un monde scindé et contradictoire : « Il y a dans tout homme deux postulations simultanées, l'une vers Dieu, l'autre vers Satan. L'invocation à Dieu ou spiritualité est un désir de monter en grade, celle de Satan ou animalité est une joie de descendre. »

Tout l'univers participe à ce combat spirituel. Baudelaire a une vision du monde bipolaire, la terre apparaît tantôt comme une correspondance du ciel, tantôt comme une correspondance de l'enfer. L'espace est orienté : l'homme baudelairien se trouve tiraillé entre l'ici où il est et l'ailleurs dont il rêve, la tentation de s'élever est contrebalancée par le désir de descendre. À l'azur répond le gouffre.

La poésie, l'amour, le rêve peuvent tour à tour monter vers l'azur ou être entraînés vers le gouffre. Ce mouvement de balancier, qui a toujours pour origine le désir de s'évader d'un « ici » dominé par le spleen, permet de comprendre la double postulation simultanée et le mot de la fin des *Fleurs du mal* : « Enfer ou Ciel, qu'importe ?/Au fond de l'inconnu pour trouver du *nouveau* ! » (« Le Voyage »).

Tous les thèmes des *Fleurs du mal* s'organisent par rapport à cet espace.

Genre, thèmes, langage

Le drame de l'amour

Au drame de l'amour participent quatre grands types de femmes liées aux quatre points cardinaux : les anges qui descendent du ciel, les démons qui viennent du gouffre (« *Sed non satiata* »), les sœurs lointaines qui se trouvent là-bas (« Invitation au voyage ») et les prostituées liées aux paradis artificiels.

La femme d'ici (celle qu'on rencontre dans la ville) s'oppose à celle de là-bas (liée à la mer et au voyage), de « L'Invitation au voyage », pays où l'on aime « à loisir ».

Dans la vie de Baudelaire, trois femmes incarnent ces types : Jeanne Duval est la femme exotique qui incarne une sensualité plus ou moins maléfique (« La Chevelure »). Mme Sabatier est l'ange de lumière (« Réversibilité ») capable d'apporter la rédemption au poète. Marie Daubrun est la sœur spirituelle.

Là-bas et ici

« *Mœsta et errabunda* » est un poème qui représente le déchirement entre l'ici et le là-bas : « Emporte-moi, wagon ! enlève-moi, frégate ! / Loin ! loin ! ici la boue est faite de nos pleurs ! » Cette « vallée de larmes », c'est la rue boueuse de la ville, cette boue qui colle à nos pieds et à notre âme est le symbole de notre misère et de notre exil, elle coupe tous nos élans et nous retient prisonniers. La boue et les larmes sont la substance de cette vie.

À ce piétinement fangeux s'oppose l'ascension euphorique dans l'éther de l'idéal (« Élévation ») : « Au-dessus des étangs, au-dessus des vallées [...] Mon esprit tu te meus avec agilité / Et comme un bon nageur qui se pâme dans l'onde / Tu sillonnes gaiement l'immensité profonde. »

Au piétinement lourd s'oppose le glissement, la fuite heureuse qu'on trouve dans « La Chevelure » : « Comme d'autres esprits voguent sur la musique, / Le mien, ô mon amour, nage sur ton parfum. »

L'ici est dominé par l'imagination matérielle de la terre, sous son double aspect de dureté et de mollesse. L'engluement dans la matière est clairement lié au spleen, à l'ennui, à la condition mortelle de l'homme, à la misère matérielle du poète et du peuple (« Spleen »).

Là-bas est le rêve, les îles, l'ailleurs. C'est le champ de l'amour possible, lié à l'exotisme (« Parfum exotique »). La mer est du côté du rêve, de l'idéal et de l'ailleurs.

Le ciel et le gouffre

Le ciel et le gouffre s'opposent aussi terme à terme. L'enfer se cristallise autour de la notion de gouffre, lieu essentiellement noir, obscur, ténébreux, froid et même glacé (il n'y a pas de flammes dans l'enfer baudelairien). Il s'oppose au ciel chaud et brillant dont les composantes sont antithétiques (« Hymne à la beauté ») : « Viens-tu du ciel profond ou sors-tu de l'abîme ? »

Le ciel est profond, il s'agit d'une profondeur vers le haut, symétriquement inverse de la profondeur du gouffre. « La montée dans l'azur, le bercement sur le bleu des flots sont les deux grandes euphories baudelairiennes », note Guiraud. Il y a chez Baudelaire un bonheur de l'ascension et une terreur de la chute.

L'œuvre : origines
et prolongements

Les *Fleurs du mal* paraissent au même moment que des grandes œuvres poétiques du romantique Victor Hugo (*Les Contemplations*, 1856) et du parnassien Leconte de Lisle (*Poèmes antiques*, 1852). L'œuvre est ainsi contemporaine de certains grands mouvements littéraires.

Le romantisme

BAUDELAIRE n'a jamais cessé d'admirer le romantisme. Il est né en 1821, on connaît son admiration pour Hugo, c'est un lecteur de Chateaubriand et, tout jeune, il a rêvé en lisant *René* (paru en 1802). Il est donc proche de la première génération romantique. Il aime le côté bohème et débraillé des gilets rouges[1], il partage avec eux des affinités psychologiques et émotives (vague à l'âme, révolte et mysticisme), mais il refuse l'épanchement larmoyant du cœur. Baudelaire est discret sur sa vie et, contrairement à ceux de Musset ou Lamartine, on n'explique pas ses poèmes à partir d'anecdotes biographiques.

CONTRE la mythologie romantique de l'inspiration, Baudelaire déprécie la spontanéité. Alors que les romantiques avaient situé la poésie dans le cœur, Baudelaire la situe dans le langage. Cependant, ce n'est pas Baudelaire le poète qui « tord le cou » à l'éloquence, mais Verlaine. L'auteur des *Fleurs du mal* conserve une rhétorique marquée par l'éloquence et par beaucoup de thèmes romantiques, comme l'ennui et le mal du siècle qu'il porte au point extrême avec le *spleen*. Bien qu'il déteste

---

1. Costume excentrique par lequel les romantiques se distinguaient des classiques.

L'œuvre : origines et prolongements

Musset (« ce maître des gandins ») dont la complaisance pour l'introspection et les excès de lyrisme montre le visage « exécrable » du romantisme, Baudelaire reste fidèle à la conception romantique d'un art qui doit dévoiler la signification secrète des choses, déchiffrer leurs analogies (« La poésie, c'est tout ce qu'il y a d'intime dans tout », écrit Hugo). À cela, Baudelaire ajoute une aspiration vers l'infini, métaphysique, de sorte que, pour lui, le véritable romantisme reste à créer.

Théophile Gautier et l'art pour l'art

Opposé au conformisme, à l'uniformisation académique, à l'engagement politique, au romantisme sentimental, l'art pour l'art défend un retour à la rigueur du « métier » poétique : c'est un formalisme. Baudelaire, ami de Banville et de Gautier, dédicace *Les Fleurs du mal* à ce dernier. Il leur doit le goût pour la maîtrise technique et la rigueur formelle. Baudelaire est, comme eux, un puriste et partage leur horreur de la fonction sociale de la littérature (sa position va contre les idées de Victor Hugo), il affirme : « Ce livre essentiellement inutile et absolument innocent n'a pas été fait dans un autre but que de me divertir et d'exercer mon goût passionné des obstacles » (projet de préface pour *Les Fleurs du mal*).

Pourtant, en 1860, on lit le recueil comme l'une des manifestations les plus typiques de l'art pour l'art : cet amalgame est un contresens ! Baudelaire a été séduit un instant par les théories parnassiennes, cependant il se sépare des poètes parnassiens dont le matérialisme « païen » heurte sa spiritualité et son mysticisme. D'autre part, il estime que l'art pour l'art, en s'enfermant dans les canons intemporels du beau et en fuyant le sujet moderne, passe à côté de la modernité. Or, pour Baudelaire, il ne saurait y avoir de perfection sans émotion. Il juge donc leur classicisme sclérosant.

L'œuvre : origines et prolongements

Le réalisme

Baudelaire se rapproche des réalistes par la modernité des thèmes qu'il fait entrer en poésie : la laideur, le vulgaire, le mal sont pour lui des objets poétiques, les images de la ville, de la prostitution, celles de la déchéance humaine se multiplient. Cependant Baudelaire est aux antipodes du réalisme, il s'élève contre toute esthétique de la ressemblance. Il voit l'art comme une évasion dans la transcendance ; pour lui, la beauté est fondée sur la révélation des splendeurs situées par-delà le tombeau, sur la révélation des beautés jusque-là interdites, « bijoux perdus de l'antique Palmyre » (« Bénédiction »). L'artiste doit par les correspondances mettre le beau en relation avec la transcendance. Baudelaire se montre hostile envers la photographie qu'il tient pour la parfaite réalisation de l'esthétique bourgeoise, fondée sur l'exactitude et la ressemblance. Il reproche à cette technique de décalquer son modèle sans transformer la matière, en niant le travail de l'imagination. Or, selon Baudelaire, « la première affaire d'un artiste est de substituer l'homme à la nature et de protester contre elle » (*Salon de 1846*). Pour Baudelaire, l'œuvre d'art est l'expression extérieure d'un monde intérieur particulier à l'artiste (voir « Les Phares »).

Le mysticisme

Comme le néoplatonicien Swedenborg, Baudelaire voit le monde comme une dégradation de l'Essence primitive. L'âme possède le don de la réminiscence, la mémoire de son origine divine. C'est pourquoi Baudelaire s'inscrit contre l'esthétique de la mimêsis (l'imitation de la réalité). L'art n'est pas une reproduction, mais une révélation. Le poète écrit contre l'esthétique de la ressemblance et plaide contre la reproduction exacte de la nature. La beauté est fondée sur la révélation. « C'est cet admirable, cet immortel instinct du beau qui nous fait considérer la terre et ses spectacles comme un aperçu, comme une correspondance du Ciel. [...] C'est à la fois par la

L'œuvre : origines et prolongements

poésie et à travers la poésie, par et à travers la musique, que l'âme entrevoit les splendeurs situées derrière le tombeau ; et, quand un poème exquis amène les larmes au bord des yeux, ces larmes ne sont pas la preuve d'un excès de jouissance, elles sont bien plutôt le témoignage d'une mélancolie irritée, d'une postulation des nerfs, d'une nature exilée dans l'imparfait et qui voudrait s'emparer immédiatement, sur cette terre même, d'un paradis révélé » (*L'Art romantique*, « Notes nouvelles sur Edgar Poe »).

MAIS là où Baudelaire se sépare des néoplatoniciens, c'est que pour lui le beau ne se confond pas avec le bien. Si la beauté s'extrait du mal, cela signifie que le génie n'est plus sous l'autorité du bien. On trouve cette idée révolutionnaire pour la première fois formulée par Diderot, dans *Le Neveu de Rameau*, qui met en scène la rencontre de l'immoralité et de la génialité, la rencontre de la grandeur spirituelle et de l'inutilité sociale. L'audace de la pensée de Diderot est grande, elle supprime le rapport d'équivalence admis depuis l'Antiquité entre la connaissance, le beau et le bon.

Edgar Poe

LES TRAVAUX d'écriture les plus rémunérateurs pour Baudelaire sont ses traductions d'Edgar Poe. *Les Histoires extraordinaires* (les titres des recueils sont de Baudelaire) connaissent cinq réimpressions.

EN 1847, il commence à traduire Edgar Poe, frère en malédiction, puis, toute sa vie (pendant dix-sept ans) il poursuit les traductions et études de l'œuvre du poète américain (malgré une connaissance très imparfaite de la langue anglaise). Il n'est pas le premier traducteur de Poe en France, qu'il découvre en 1846, par la lecture de la traduction de *Double Assassinat rue Morgue*. Dès la première lecture, il éprouve une « commotion singulière ». Il s'agit d'une rencontre entre deux esprits plus

L'œuvre : origines et prolongements

que d'une influence. Il reconnaît chez l'auteur américain ses convictions les plus profondes, de sorte qu'il est quelquefois difficile de faire la part de ce qui revient à Poe dans les écrits de Baudelaire. Il trouve dans Poe l'expression de sa pensée.

Iʟs ont en commun le goût du macabre. Tous les deux sont passionnés par la vie moderne. L'un et l'autre pensent que le poète est un déchiffreur et que tout est hiéroglyphique. Les correspondances font du monde naturel une reproduction du monde spirituel. Baudelaire fait siennes certaines idées d'Edgar Poe : l'art est affaire de travail, de calcul et de volonté, Poe présente le poète comme un ouvrier calculant d'avance chaque mouvement du poème et qui ne ménage pas sa peine (« Le Guignon ») : « L'art est long et le temps est court » (on retrouve cette interprétation dans « Le Mauvais Moine », « L'Ennemi »...) Cependant, Baudelaire ne réduit jamais l'art à la seule exactitude technique, il retrouve la mythologie romantique à travers le thème de la prédestination (voir « Bénédiction »).

Genèse de l'œuvre

Lᴀ ᴘʟᴜᴘᴀʀᴛ des poèmes ont été publiés dans des revues avant 1857. L'idée d'un recueil n'est pas première, elle apparaît alors qu'un certain nombre de poèmes sont déjà écrits. La pièce la plus ancienne, « À une dame créole », date de 1841 (une vingtaine de poèmes sont déjà écrits en 1841). Le projet de ce recueil a occupé Baudelaire très tôt, mais on ne connaît pas exactement les dates de composition qui ne sont jamais indiquées à cause du long retard que Baudelaire a mis à publier ses poèmes (on ne sait si 30 ou 40 poèmes, ou la plupart des pièces, étaient composées avant 1850). Les premières publications datent de 1851. À la publication du recueil, 52 poèmes sur 100 étaient inédits.

Bᴀᴜᴅᴇʟᴀɪʀᴇ hésite entre trois titres successifs. En 1845, il annonce le titre provocant *Les Lesbiennes* (lié à un thème littéraire alors à la mode). En 1848, il choisit pour titre *Les Limbes*

L'œuvre : origines et prolongements

(dans la religion chrétienne, le terme désigne le séjour des âmes des justes qui n'ont pas été baptisés ; chez les disciples de Fourier il s'agit d'un lieu d'attente, les « périodes limbiques » correspondent à l'âge du balbutiement et du malheur industriel, c'est-à-dire la civilisation actuelle). En 1855, il compose le poème liminaire « Au lecteur » et choisit pour titre *Les Fleurs du mal*.

Même s'il est occupé toute sa vie par la refonte de ce recueil mouvant, dont il n'achève pas la troisième édition, l'élaboration de l'œuvre va de pair avec d'autres travaux d'écriture et il ne faut pas voir en Baudelaire l'homme d'un seul livre, d'autant que *Les Fleurs du mal* sont indissociables de ses autres œuvres.

Les œuvres critiques

Les œuvres critiques de Baudelaire, dans l'histoire des idées, sont aussi importantes que sa poésie et sont même en avance sur sa poésie. À 24 ans, les comptes rendus de salons font connaître son nom au public. Baudelaire, consacré critique d'art, devine qu'il s'agit là d'un terrain de choix où l'intelligence peut livrer bataille à l'incompréhension bourgeoise. D'emblée il dépasse la critique d'actualité, il énonce des idées générales et élève le débat à la notion d'art universel, ce qui marque la différence entre lui et ses contemporains (Gautier, par exemple) et l'inscrit dans la lignée des grandes réflexions esthétique de Diderot. Le vrai critique ne juge pas à partir de critères moraux. Par son écriture polémique, par ses jugements originaux, par le choix de défendre des artistes non reconnus, Baudelaire élève la critique d'art au rang d'un genre littéraire. Ses études sont réunies dans des recueils posthumes : *Réflexions sur quelques-uns de mes contemporains, Curiosité esthétique, L'Art romantique, Salons, Le Peintre de la vie moderne*. Pour Baudelaire, la réflexion théorique et esthétique doit précéder la création. La modernité de cette posture le situe dans

L'œuvre : origines et prolongements

le grand débat esthétique de son temps et *Les Fleurs du mal*
s'enrichissent de la réflexion de Baudelaire sur les arts de son
temps (voir, par exemple, « Les Phares »).

Les petits poèmes en prose

En 1857, Baudelaire publie six premiers poèmes en prose
(qui succèdent à une première nouvelle, *La Fanfarlo,* écrite
en 1847) mais il a eu du mal à placer ces textes, qui ne correspondent pas aux canons de la poésie reconnue. Après 1860,
Baudelaire renonce aux vers et n'écrit plus que des poèmes
en prose. Il caresse le projet d'un recueil qui ferait le pendant
du recueil de vers et qui aurait pour titre *Le Spleen de Paris.*
Les pièces sont essentiellement publiées en revue, pour des
questions d'argent. Baudelaire n'a écrit que 50 des 100 textes
initialement prévus.

La poésie de la modernité

Même si les petits poèmes en prose apparaissent comme une
réécriture des *Fleurs du Mal* (*cf.* « L'Horloge », « L'Invitation au
voyage », « Un hémisphère dans une chevelure »), le poème en
prose n'est ni la traduction ni l'équivalent du poème en vers. Ce
recueil, plus que *Les Fleurs du mal,* inaugure la poésie de la
modernité. Baudelaire y règle son compte à la vieillerie poétique : « Arrière la muse académique ! Je n'ai que faire de cette
vieille bégueule. J'invoque la muse familière, la citadine, la
vivante, pour qu'elle m'aide à chanter les bons chiens » (« Les
Bons Chiens »). Son besoin de liberté le pousse à recourir à une
forme nouvelle qui permettra d'accueillir dans l'écriture tout ce
qui peut être dit, dans « le miracle d'une prose poétique, musi-
cale sans rythme et sans rime, assez souple et assez heurtée pour
s'adapter aux mouvements lyriques de l'âme, aux ondulations de
la rêverie, aux soubresauts de la conscience ». Le poème en prose
est choisi pour échapper à la norme. Il représente la quête d'un
nouveau langage, libéré des normes de la versification.

L'œuvre : origines et prolongements

L'ESTHÉTIQUE du *Spleen de Paris* repose sur la rencontre entre le trivial et l'idéal. Il inaugure la poétique du banal. Cette écriture, la plus propice à accueillir la modernité, permet de faire entrer dans l'espace poétique les curiosités de la cité moderne. La thématique urbaine devient dominante, le poète est un « voyeur » de la capitale, il suit les bizarreries des rues d'une grande ville. Les poèmes, absolument étrangers au pittoresque, sont allégoriques. À travers des images tirées de la vie urbaine moderne se dessine une méditation sur la condition humaine. L'œuvre dit la solitude dans la multitude.

Une postérité triomphante

L'HÉRITAGE de Baudelaire est double : les uns reprennent sa thématique tragique, les autres le suivent dans sa conscience critique et ses exigences.

VERLAINE et Rimbaud, les premiers, ont continué Baudelaire dans l'ordre de la sensation et du sentiment, dans une recherche quasi alchimique des mystères du monde. Les « poètes maudits » (sous cette expression qu'on doit à Verlaine, on regroupe Tristan Corbière, Rimbaud, Mallarmé, Lautréamont et lui-même), marginalisés, en rupture avec l'ordre social, ont repris à Baudelaire la thématique de la solitude de l'homme au cœur de la ville. Rimbaud retient que le poète est un voyant : « Baudelaire est le premier voyant, roi des poètes, *un vrai* Dieu. » Rimbaud progresse dans la connaissance des pouvoirs cachés du langage, les correspondances deviennent le « dérèglement de tous les sens ». L'épigone trouve cependant que la forme chez Baudelaire est « mesquine », parce que globalement traditionnelle. Rimbaud pense qu'il est lui-même le poète qui se lance dans l'aventure que l'auteur des *Fleurs du mal* n'a fait qu'indiquer et que c'est lui et non Baudelaire le premier poète moderne. Il est l'horrible travailleur qui se lève à l'endroit où Baudelaire est tombé, l'alchimiste prêt à plonger au fond du gouffre.

L'œuvre : origines et prolongements

LES SURRÉALISTES, à la suite de Rimbaud, voient dans la poésie un accès aux profondeurs de l'inconscient et retrouvent cette dimension dans l'apologie poétique de l'ivresse, de la drogue et des sensations fortes que contient la poésie de Baudelaire. D'autres fleurs parisiennes feront suite aux petits poèmes en prose : *Le Paysan de Paris* d'Aragon et *Nadja* de Breton. Mallarmé et Valéry reprennent l'exigence de perfection formelle de Baudelaire. Valéry donne au langage poétique une musicalité neuve, inaugurée par des poèmes comme « L'Invitation au voyage » ou « Harmonie du soir ».

La « grande et fâcheuse influence » de Baudelaire

LONGTEMPS livre interdit, objet de lectures clandestines pour les adolescents, Baudelaire est aujourd'hui avec Hugo au premier rang des poètes. Méprisé de ses contemporains, Baudelaire est devenu un classique essentiellement avec un seul recueil, au point qu'on en oublie que *Les Fleurs du mal* ont été condamnées pour outrage à la morale publique. La critique moderne insiste sur l'étroitesse de vue des juges de l'époque. Aujourd'hui, dans les anthologies scolaires, on nous habitue à lire un Baudelaire édulcoré. On admire ses poèmes pour des raisons esthétiques et métaphysiques (*cf.* « La Chevelure », « Le Serpent qui danse », « L'Héautontimorouménos »...). Cette cécité académique masque la nature provocante du recueil pour un lecteur de 1857. Il ne faut pourtant pas oublier qu'avant d'être reconnu comme le précurseur de Mallarmé et de la poésie moderne, Baudelaire, en ne reculant ni devant l'obscénité ni devant l'horreur, a choqué volontairement son public.

CECI explique que Baudelaire soit tardivement reconnu par l'Université. Il est mal reçu par la critique universitaire de la fin du XIXᵉ siècle : « un bon poète de second ordre » pour Faguet, il est un « Belzébuth de table d'hôte » pour Brunetière, maître à penser de l'Université, qui écrit : « Cet homme fut doué du

L'œuvre : origines et prolongements

génie même de la faiblesse et de l'impropriété de l'expression
[...]. Ses ridicules affectations de dandysme, ses paradoxes des
Fleurs du mal ont exercé, depuis une vingtaine d'années, une
grande et fâcheuse influence. » Gustave Lanson le juge aussi
sévèrement : « Il représente à merveille ce que j'ai déjà appelé
le bas romantisme, prétentieusement brutal, macabre, immo-
ral, artificiel, pour ahurir le bon bourgeois. »

La réhabilitation

Il FAUT attendre 1917, cinquantenaire de la mort de Baudelaire, pour que *Les Fleurs du mal* tombent dans le domaine
public et que le poète connaisse la consécration officielle et la
reconnaissance des écrivains. La réhabilitation vient d'abord
des poètes (Yves Bonnefoy) et des écrivains (Proust, Gide).
C'est Valéry, lors d'une conférence de 1942, qui voit en lui
l'initiateur de notre modernité.

Pourtant, à part l'étude de Jean Pommier (*La Mystique de
Baudelaire*) et le *Baudelaire* de Georges Blin, ce n'est qu'après la
Seconde Guerre mondiale que paraissent les grandes études
critiques, notamment celles de Benjamin Fondane et Jean
Prévost.

L'œuvre
et ses représentations

La vocation de tout artiste consiste à dépasser les données grossières des sens. La poésie est en correspondance avec les autres arts. Baudelaire fréquente la peinture et les peintres, il s'intéresse à la gravure, à la musique, moins nettement à la sculpture. Il aime particulièrement les croquis qui fixent l'événement, figent l'éphémère et, combinant le mouvement et la forme, savent représenter le « présent ».

Le poème « Les Phares » (VI) a une portée générale, il n'est pas inspiré par des œuvres précises. Il met en place une théorie des correspondances entre les arts. Chaque artiste est un microcosme qui porte en lui un monde qui lui est personnel. Huit vignettes représentent huit paysages intérieurs de huit artistes. L'ordre de présentation n'est pas chronologique, il va du plus serein (Rubens) au plus tourmenté (Delacroix), conduisant vers une conclusion sombre.

Le poème prend sa source non dans le tableau, mais dans l'impression ou le souvenir, souvent à travers un phénomène de superposition et de condensation d'œuvres. L'évocation est imprécise et souvent infidèle. Il s'agit d'un musée imaginaire.

Poèmes inspirés par des tableaux

Quand il s'agit de peinture, c'est essentiellement Delacroix qu'on retrouve à l'origine de l'inspiration. Le mélange des imaginations est si intime que cette influence est difficile à délimiter.

« Une martyre » (CX) a pour sous-titre : « Dessin d'un maître inconnu », on pense à la possible influence d'un tableau de Delacroix, *La Mort de Sardanapale*, étonnant mariage de la volupté et de la mort.

Delacroix fait l'objet de l'admiration de Baudelaire, c'est un « poète en peinture », ce qui signifie qu'il sait ordonner ses rêves tumultueux et cherche la perfection dans l'exécution. « Delacroix part donc de ce principe, qu'un tableau doit avant tout reproduire la pensée intime de l'artiste [...] et de ce prin-

cipe, il en sort un second qui semble le contredire à la première vue – à savoir, qu'il faut être très soigneux des moyens
matériels d'exécution. »

Les tableaux et les dessins de Delacroix, « peintre complet »,
habitent l'imagination de Baudelaire, on peut les reconnaître
dans les images de sa poésie. Le poète a salué dans le peintre
un maître dont il aime la cruauté : « Tout, dans son œuvre,
n'est que désolation, massacres, incendies [...] victimes égor-
gées [...] femmes violées. [...] Tout cet œuvre, dis-je, ressemble
à un hymne terrible composé en l'honneur de la fatalité et de
l'irrémédiable douleur. »

Poèmes inspirés par des gravures

Baudelaire est souvent inspiré par des gravures. La mention
explicite des sources attire notre attention sur quelques
poèmes.

« *Duellum* » (XXXV), qui décrit la lutte fatale de deux guerriers,
est inspiré d'une gravure de Goya, le *Caprice*, qui montre deux
horribles corps engagés dans une lutte sans merci basculant
ensemble dans le vide.

« Une gravure fantastique » (LXXI) est la transposition d'une
eau-forte de Mortimer, *Death on a Pale Horse*, le titre original
du poème paru en 1857 était : « Une Gravure de Mortimer ».

« Le Jeu » (XCVI) s'inspire d'une estampe de Carle Vernet,
décrite par Baudelaire dans *Quelques Caricaturistes français* :
« Autour d'une vaste table ovale sont réunis des joueurs de
différents caractères et de différents âges. Il n'y manque pas
les filles indispensables, avides et épiant les chances, courtisanes éternelles des joueurs en veine. Il y a là des joies et des
espoirs violents. » Baudelaire s'éloigne de tout modèle dans les
derniers vers qui établissent le parallèle avec son drame
personnel.

« Paysage » (LXXXVI) est inspiré d'une gravure de Meryon
(dont Baudelaire parle dans un article de 1862), *Le Stryge*, qui

montre un monstre ailé et cornu, contemplant Paris depuis une galerie de Notre-Dame.

« L'Amour et le Crâne » (CXVII), portait en sous-titre « d'après une vieille gravure » dans l'édition originale. Il s'agit d'une gravure relativement anodine du XVIᵉ siècle de Heinrich Goltzius qui représente un enfant auprès d'un crâne jouant avec des bulles de savon. La légende en latin compare la fragilité de la vie humaine aux bulles de savon.

Les influences mêlées

Le poème « Don Juan aux enfers » (XV) est un exemple d'influences mêlées.

À la lithographie de S. Guérin *Don Juan aux enfers* (dont il ne nous reste que la description), Baudelaire a emprunté le titre de son poème et la disposition des personnages. Mais c'est au tableau de Delacroix, *Le Naufrage de Don Juan,* que Baudelaire emprunte l'idée de figurer Don Juan à l'écart et dans une attitude hautaine, s'éloignant tout à fait de la leçon de morale de Guérin : « Regard[ant] le sillage et ne daign[ant] rien voir. » La planche de Guérin fournit un motif plastique, mais la philosophie romantique et le dandysme modèlent l'imaginaire.

Correspondances entre les arts

S'inspirer d'un peintre, c'est pour le poète faire œuvre originale, non pas copier, mais rivaliser. Baudelaire cherche dans l'œuvre d'art l'image qui rencontre ses rêves et les féconde, l'occasion qui fait naître le poème.

On prendra comme exemple le cas de « Bohémiens en voyage » (XIII). Le poème est inspiré par la première des quatre eaux-fortes du grand dessinateur et graveur Jacques Callot (1594-1635), intitulée *Les Aegyptiens*.

La seconde strophe du poème a un caractère descriptif qui la rapproche de la gravure. Mais Baudelaire laisse tomber tous les détails anecdotiques. Il ne retient de l'œuvre de Callot que ce qui peut alimenter sa propre méditation poétique. La visée du poème n'a rien à voir avec l'œuvre originale. Les bohémiens de Baudelaire accèdent au statut de symbole. Callot représente les bohémiens comme un peuple en deuil, Baudelaire les métamorphose en représentants de l'idéal, en représentants méconnus de l'art. Le poète trouve en eux l'image de l'artiste en marge de la société. Ils vivent en parfait accord avec la nature, forment une tribu élevant de nombreux enfants et possèdent des dons prophétiques. On ne sait d'où ils viennent, ils ne savent où ils vont (obscurité de l'avenir imprévisible). Ces nomades épargnés par les maux de la civilisation poursuivent une quête comme un peuple élu aimé des dieux.

L'œuvre de Baudelaire apporte une vision optimiste de l'humanité. Or, l'œuvre de Callot, au contraire, est pessimiste : l'ensemble désordonné est éclairé par un distique qui explicite la misère des gueux :

« Ces pauvres gueux pleins de Bonadventures/Ne portent rien que des choses futures. »

Si l'on considère les gravures, on remarque que les quatre images de Callot montrent tout autre chose que le passage d'une paisible troupe de comédiens, mais des gens qui pillent, violent et tuent et ravagent le pays où ils se déplacent. Les pillards de Callot (qui est justement de Nancy), suréquipés en armes, évoquent les troupes de mercenaires recrutés par les princes au cœur d'une Lorraine dévastée par les troupes armées (en 1621). Ces gens armés, Callot ne les a appelés « Aegyptiens » que par prudence. C'est à une erreur de lecture que Baudelaire doit son poème. Qu'importe ? L'image originelle n'est qu'un tremplin pour l'imagination, pour une méditation sur la condition poétique et humaine et l'allégorisation des personnages. Ce n'est pas une description, mais une vision nouvelle.

Le Naufrage de Don Juan, huile sur toile, 1840,
Eugène Delacroix (1798-1863).

Les Ægyptiens, gravure de Jacques Callot (1592-1635).

Les Caprices, gravure de 1799, Francisco Goya (1746-1828).

L'œuvre à l'examen

Objet d'étude : la poésie
(toutes sections).

**Corpus bac : pourquoi
les poètes écrivent-ils des arts poétiques ?**

Texte 1

> *Les Fleurs du mal* (1857),
> Charles Baudelaire.

> Hymne à la beauté (XXI).

Texte 2

> *Émaux et Camées* (1858 – écrit en 1857),
> Théophile Gautier.

> « L'Art ».

L'Art

Oui, l'œuvre sort plus belle
D'une forme au travail
Rebelle,
Vers, marbre, onyx, émail.

Point de contraintes fausses !
Mais que pour marcher droit
Tu chausses,
Muse, un cothurne étroit.

Fi du rythme commode,
Comme un soulier trop grand,
Du mode
Que tout pied quitte et prend !

Statuaire, repousse
L'argile que pétrit

L'œuvre à l'examen

Le pouce,
Quand flotte ailleurs l'esprit ;

Lutte avec le carrare,
Avec le paros dur
Et rare,
Gardiens du contour pur ;

Emprunte à Syracuse
Son bronze où fermement
S'accuse
Le trait fier et charmant ;

D'une main délicate
Poursuis dans un filon
D'agate
Le profil d'Apollon.

Peintre, fuis l'aquarelle
Et fixe la couleur
Trop frêle
Au four de l'émailleur.

Fais les Sirènes bleues,
Tordant de cent façons
Leurs queues,
Les monstres des blasons ;

Dans son nimbe trilobe
La Vierge et son Jésus,
Le globe
Avec la croix dessus.

Tout passe. – L'art robuste
Seul a l'éternité ;
Le buste
Survit à la cité.

Et la médaille austère
Que trouve un laboureur
Sous terre
Révèle un empereur.

L'œuvre à l'examen

Les dieux eux-mêmes meurent,
Mais les vers souverains
Demeurent
Plus forts que les airains.

Sculpte, lime, cisèle ;
Que ton rêve flottant
Se scelle
Dans le bloc résistant !

Texte 3

Jadis et Naguère, (1884 – poème écrit en 1874), Paul Verlaine.

« Art poétique ».

Art poétique

De la musique avant toute chose,
Et pour cela préfère l'Impair
Plus vague et plus soluble dans l'air,
Sans rien en lui qui pèse ou pose.

Il faut aussi que tu n'ailles point
Choisir tes mots sans quelque méprise :
Rien de plus cher que la chanson grise
Où l'Indécis au Précis se joint.

C'est des beaux yeux derrière des voiles,
C'est le grand jour tremblant de midi,
C'est par un ciel d'automne attiédi
Le bleu fouillis des claires étoiles !

Car nous voulons la Nuance encor,
Pas la couleur, rien que la nuance !
Oh ! la nuance seule fiance
Le rêve au rêve et la flûte au cor !

L'œuvre à l'examen

Fuis du plus loin la Pointe assassine,
L'Esprit cruel et le Rire impur,
Qui font pleurer les yeux de l'Azur,
Et tout cet ail de basse cuisine !

Prends l'éloquence et tords-lui son cou !
Tu feras bien, en train d'énergie,
De rendre un peu la Rime assagie.
Si l'on n'y veille, elle ira jusqu'où ?

Oh ! qui dira les torts de la Rime !
Quel enfant sourd ou quel nègre fou
Nous a forgé ce bijou d'un sou
Qui sonne creux et faux sous la lime ?

De la musique encore et toujours !
Que ton vers soit la chose envolée
Qu'on sent qui fuit d'une âme en allée
Vers d'autres cieux à d'autres amours.

Que ton vers soit la bonne aventure
Éparse au vent crispé du matin
Qui va fleurant la menthe et le thym !...
Et tout le reste est littérature.

Texte 4

> Lettre à Paul Demény du 15 mai 1871,
> « Lettre du Voyant », Arthur Rimbaud.

[...] On n'a jamais bien jugé le romantisme. Qui l'aurait jugé ?
Les Critiques ! Les Romantiques ? qui prouvent si bien que la
chanson est si peu souvent l'œuvre, c'est-à-dire la pensée chan-
tée et comprise du chanteur.

L'œuvre à l'examen

Car JE est un autre. Si le cuivre s'éveille clairon, il n'y a rien de sa faute. Cela m'est évident : j'assiste à l'éclosion de ma pensée : je la regarde, je l'écoute : je lance un coup d'archet : la symphonie fait son remuement dans les profondeurs, ou vient d'un bond sur la scène.

[...] La première étude de l'homme qui veut être poète est sa propre connaissance entière ; il cherche son âme, il l'inspecte, il la tente, l'apprend. Dès qu'il la sait, il doit la cultiver ! Cela semble simple : en tout cerveau s'accomplit un développement naturel ; tant d'*égoïstes* se proclament auteurs ; il en est bien d'autres qui s'attribuent leur progrès intellectuel ! – Mais il s'agit de se faire l'âme monstrueuse : à l'instar des comprachicos, quoi ! Imaginez un homme s'implantant et se cultivant des verrues sur le visage.

Je dis qu'il faut être *voyant*, se faire *voyant*.

Le poète se fait *voyant* par un long, immense et raisonné *dérèglement* de *tous les sens*. Toutes les formes d'amour, de souffrance, de folie ; il cherche lui-même, il épuise en lui tous les poisons, pour n'en garder que les quintessences. Ineffable torture où il a besoin de toute la foi, de toute la force surhumaine, où il devient entre tous le grand malade, le grand criminel, le grand maudit – et le suprême Savant ! – Car il arrive à l'*inconnu* ! Puisqu'il a cultivé son âme, déjà riche, plus qu'aucun ! Il arrive à l'inconnu, et quand, affolé, il finirait par perdre l'intelligence de ses visions, il les a vues ! Qu'il crève dans son bondissement par les choses inouïes et innommables : viendront d'autres horribles travailleurs : ils commenceront par les horizons où l'autre s'est affaissé ! [...]

Donc le poète est vraiment voleur de feu.

Il est chargé de l'humanité, des *animaux* même ; il devra faire sentir, palper, écouter ses inventions ; si ce qu'il rapporte de *là-bas* la forme, il donne forme ; si c'est informe, il donne de l'informe. Trouver une langue ; — Du reste, toute parole étant idée, le temps d'un langage universel viendra ! Il faut être académicien, — plus mort qu'un fossile, — pour parfaire un dictionnaire, de quelque langue que ce soit. Des faibles se mettraient *à*

L'œuvre à l'examen

penser sur la première lettre de l'alphabet, qui pourraient vite ruer dans la folie ! –

Cette langue sera de l'âme pour l'âme, résumant tout, parfums, sons, couleurs, de la pensée accrochant la pensée et tirant.

SUJET

a. Question préliminaire (sur 4 points)

Les quatre textes illustrent quatre conceptions très différentes de la poésie, vous caractériserez ces différentes conceptions, en soulignant leurs points de rencontre et leurs divergences, en tentant d'expliquer pourquoi d'autres arts sont choisis par les poètes comme modèle pour la poésie. Vous vous appuierez sur des références précises aux textes cités.

b. Travaux d'écriture (sur 16 points) – au choix

Sujet 1. Commentaire.

Vous ferez le commentaire du poème de Baudelaire (texte 1).

Sujet 2. Dissertation.

Pensez-vous qu'il soit nécessaire de se faire « l'âme monstrueuse », selon l'expression de Rimbaud, pour être véritablement poète ? Pour répondre, vous vous fonderez sur les quatre textes proposés et sur d'autres que vous connaissez.

Sujet 3. Écriture d'invention.

Imaginez que vous êtes Paul Demény, le poète auquel s'adresse cette lettre, et que vous répondez à Arthur Rimbaud pour lui exposer une conception de la poésie moins exaltée, tout en prétendant être aussi moderne que lui.

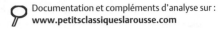
Documentation et compléments d'analyse sur :
www.petitsclassiqueslarousse.com

L'œuvre à l'examen

Objet d'étude : la poésie
(toutes sections).

À l' **oral**

Poèmes LXXV, LXXVI, LXXVII, LXVIII « Spleen »
Sujet : lecture analytique des quatre « Spleen »

> **RAPPEL**
>
> Une lecture analytique peut suivre les étapes suivantes :
> **I. Mise en situation des quatre poèmes « Spleen »**
> **II. Projet de lecture**
> **III. Composition du passage**
> **IV. Analyse du passage**
> **V. Conclusion – remarques à regrouper un jour d'oral en fonction de la question posée.**

I. Mise en situation des quatre poèmes « Spleen »

Ces quatre poèmes figurent dans la première section des *Fleurs du mal*, « Spleen et Idéal ». Ils prennent place vers la fin de cette partie, quand toute lueur d'espoir a disparu. Contrairement à ce que semble indiquer le titre, cette section progresse de l'idéal vers le spleen. Dans son effort pour échapper au mal, le poète s'adresse d'abord à l'art, puis à l'amour, mais l'échec de ces deux tentatives le laisse face à l'ennui. Le thème du spleen devient alors dominant et le désespoir s'exprime sous les formes les plus aiguës dans les seize derniers poèmes de la section.

L'œuvre à l'examen

II. Projet de lecture

Qu'est-ce que le spleen ? (étude lexicologique)

Le mot anglais *spleen* « humeur noire, bile » est un emprunt au grec *splên* qui désignait la « rate ».

La formation de ce mot s'explique par la médecine des humeurs qui remonte à Hippocrate. La bile noire, à laquelle les médecins attribuaient la colère, passait pour une sécrétion de la rate. *Spleen* est donc étymologiquement un équivalent de *mélancolie*, du grec *melas* « noire » et *kholia* « bile », et un équivalent des mots de formation latine *atrabile, atrabilaire* « bile noire ».

Le mot *mélancolie* a été usé par l'abus qu'en ont fait les poètes romantiques. Le mot anglais dit une angoisse que le poète ne sait pas désigner en français.

C'est un mot qui résiste aux efforts de définition, l'écriture poétique peut seulement en donner des équivalents sous forme d'images. C'est la raison pour laquelle quatre poèmes qui se suivent sont intitulés « Spleen », mettant en place un système d'images récurrentes, saison, couleur, sons, lieux, etc., qui forment un réseau du spleen.

Les éléments du spleen

– Conformément au sens étymologique, le spleen est un malaise physique, lié au sentiment de la dégradation du corps malade (enrhumé, chat maigre et galeux, vieille hydropique, cruel malade, au lieu de sang l'eau verte). La vieillesse qui l'inscrit dans le temps (âme d'un vieux poète, plus de souvenirs que si j'avais mille ans) est vue comme une perte des facultés (impuissant, très vieux, habitants pâles, chauve-souris qui se cogne au plafond).

– Le spleen est également un malaise psychologique aux deux composantes essentielles, l'ennui et l'angoisse.

L'ennui, pire que la mort, est éternel (sans repos, fantôme, sphinx, esprits errants, l'immortalité). L'angoisse produit des fantasmes terrorisants qui tiennent du cauchemar et s'accom-

mode d'un accompagnement macabre (chauve-souris, araignées, corbillards, cadavre hébété, fosse commune).
– Le spleen est favorisé par des éléments climatiques : pluie, obscurité, froidure, brume en sont à la fois le reflet et la cause. Les titres des quatre poèmes invitent à les lire comme une représentation allégorique du spleen. Ces paysages noirs parlent d'un monde à l'image de l'âme mélancolique.

III. *Composition du passage*

Quatre poèmes portent le même titre, ils prennent place vers la fin de la section « Spleen et Idéal », dans une série où toute lueur d'espoir a disparu. Ils ont en commun la même thématique et les mêmes images, mais les formes sont très différentes, comme si chacun cherchait une autre forme pour dire la même chose (on connaît l'importance de la forme pour Baudelaire : « Toute composition littéraire doit être faite et manœuvrée en vue d'un dénouement » — Correspondance). « Spleen » I est un sonnet, les « Spleen » II et III sont des poèmes de forme libre qui reprennent la structure lyrique romantique (ce qui est très rare dans *Les Fleurs du mal*), « Spleen » IV est composé de cinq quatrains. L'alternance formelle est compensée par la continuité thématique.

La mise en scène de la mort

Même si le spleen s'exprime sous des images variées, ici et ailleurs (« un pays pluvieux »), aujourd'hui et autrefois (« pluviôse »), valet de cœur, sphinx, roi ou chauve-souris, et dans des climats aussi différents que l'hiver pluvieux et le Sahara brumeux, on retrouve dans les quatre poèmes la mise en scène de la mort sous des formes différentes :

LXXV : Pluviôse [...] verse un froid ténébreux
Aux pâles habitants du voisin cimetière.
LXXVI : [...] un immense caveau
Qui contient plus de morts que la fosse commune.
LXXVII : [...] ce cadavre hébété
Où coule au lieu de sang l'eau verte du Léthé.

LXXVIII : Et de longs corbillards, sans tambour ni musique
Défilent lentement [...]
La mort est l'image centrale dans les quatre poèmes. Il n'y a pas de progression dans cette représentation.

Représentation du poète et de la poésie

En revanche, l'image du poète et de la poésie évolue et nous conduit du chant au silence.

Dans « Spleen » LXXV, le vieux poète qui erre dans la gouttière fait entendre sa voix de fantôme. Ce chant posthume est une mise en abyme de l'acte poétique et semble promettre la survie dans l'art.

Dans « Spleen » LXXVI, c'est le sphinx qui ne chante qu'aux rayons du soleil qui se couche. Ce sphinx, incompris et oublié des hommes, est le symbole de l'énigme, il pose une question sans réponse. Il est le répondant allégorique de la poésie baudelairienne qui proclame que tout est symbole appelant le déchiffrement, dans un monde hiéroglyphique où tout fait sens et doit être interprété. Le sphinx d'Égypte ne chantait qu'au soleil levant. Celui-ci chante au soleil qui se couche, proposant une image frappante du chant poétique, qui sort moins de l'âme du poète que de la pierre du tombeau.

Dans « Spleen » LXXVII, le poète se cache sous les traits du bouffon, incompris lui aussi. La poésie lyrique, celle d'Orphée, n'ayant plus cours puisque la descente aux Enfers n'apporte plus que l'oubli (« l'eau verte du Léthé »), c'est maintenant la « grotesque ballade » du bouffon qui représente l'expression moderne.

Dans « Spleen » LXXVIII, il ne reste plus trace d'un discours poétique même dégradé. Sortir du silence aboutit au cri informe, « un affreux hurlement », qui semble la négation du chant poétique.

IV. Analyse du passage

La représentation du sujet spleenétique
La dépossession du « moi » est une forme du spleen, elle s'exprime différemment dans les quatre poèmes.

L'œuvre à l'examen

– Dans « Pluviôse » (LXXV), le sujet qui éprouve le spleen n'apparaît pas sous la première personne « je », il s'éparpille, se « vaporise » dans le décor : les éléments qui encombrent l'espace du poème sont des images du poète (le chat, le fantôme-poète, la pendule qui tousse, le beau valet de cœur...).

– Dans « J'ai plus de souvenirs » (LXXVI), la multiplication des comparaisons et des images auxquelles le sujet lyrique est confronté au fait que le « moi » devient la plus incertaine des choses (meuble à tiroirs, pyramide, caveau, fosse commune, cimetière, boudoir, sphinx).

– Dans « Je suis comme le roi » (LXXVII), la description du comparant le roi envahit totalement le texte, figurant l'envahissement du moi par ses fables. Le répondant allégorique du poète, le roi, propose au « moi » une image inversée, fissurée et dégradée.

– Dans « Quand le ciel bas et lourd » (LXXVIII), le jeu des métaphores confond le poète avec le monde, puisque l'horizon devenu couvercle est à la taille de l'esprit. L'un et l'autre sont habités par des bêtes noires (à la chauve-souris dans le monde cachot répondent les araignées dans le cerveau). Le cerveau-crâne correspond au plafond de la prison ; on est passé du monde extérieur au plus profond de l'être, qui se trouve atteint dans ses forces intellectuelles.

V. Conclusion

Il y a une progression d'un poème à l'autre qui va dans le sens d'un approfondissement du malaise. Le quatrième poème de la série exprime l'apogée de la souffrance et la reconnaissance inexorable de l'échec, il met en évidence l'horreur d'un emprisonnement et d'une asphyxie qui détruisent progressivement l'esprit, l'imagination, la sensibilité, jusqu'à la crise finale, proche de la démence et de l'hallucination.

L'œuvre à l'examen

Les images de la femme dans la poésie

• Question : précisez les différents aspects de l'image de la femme.

• Corpus :

– « Parfum exotique » : le rôle de la femme dans les correspondances.

– « Causerie » : rapports entre beauté et paix ou douleur.

– « Hymne à la beauté » : les pouvoirs magiques.

– « À une passante » : les rôles respectifs d'elle et de lui.

Les images du bonheur

• Question : sous quelles formes le bonheur apparaît-il dans le recueil ?

• Corpus :

– « J'aime le souvenir de ces époques nues » : le paradis perdu.

– « L'Invitation au voyage », « Harmonie du soir » : le paradis rêvé.

– « La Chevelure » : la volupté.

– « *Mœsta et errabunda* » : la femme.

– « Élévation » : l'élévation.

Ville et modernité dans *Les Fleurs du Mal*

• Question : en quoi les Images de la grande ville répondent-elles à la conscience malheureuse du poète ?

• Corpus :

– « Les Cygne »

– « Les Sept Viellards »

– « À une passante »

– « Le Crépuscule du matin »

Les représentations de l'artiste

• Question : quelles images Baudelaire donne-t-il de l'artiste ?

• Corpus :

– « L'Albatros » : le poète est voué au malheur.

– « La Muse malade » : le poète est voué au travail.

– « Les Phares » : l'artiste traduit un monde intérieur.

– « Élévation » : déchiffreur de l'universelle analogie.

Confrontez cette image avec celles d'autres poète du XIXe siècle (Musset, Hugo, Gautier, Verlaine, Rimbaud).

Documentation et compléments d'analyse sur :
www.petitsclassicqueslarousse.com

Outils de lecture

Alexandrin
Vers de douze syllabes
(voir **césure**).

Allégorie
Expression de quelque chose
d'abstrait par une image
développée qui peut prendre
la forme d'un récit. Deux lectures
sont alors possibles :
l'une littérale et l'autre
à un second niveau, qui fait
découvrir le sens symbolique
du passage.

Allitération
Répétition de la même consonne.

Antithèse
Opposition entre deux termes
ou deux idées.

Assonance
Répétition de la même voyelle.

Césure
Coupure forte qui sépare en deux
l'alexandrin, à l'hémistiche, c'est-
à-dire après la sixième syllabe.

Contre-rejet
Débordement grammatical
par anticipation d'un vers
sur le vers précédent. Un mot qui
se rattache grammaticalement
au vers suivant est néanmoins
rejeté dans le vers précédent.

Discordance
Absence de coïncidence entre
structure métrique et structure
grammaticale (enjambement,
rejet, contre-rejet).

Distique
Groupe de deux vers.

Enjambement
Quand la fin du vers
ne correspond pas à la fin
d'un groupe syntaxique, il y a
enjambement d'un vers à l'autre.

Hémistiche
Les deux parties de l'alexandrin
séparées par la césure forment
des hémistiches de six syllabes.

Hypotypose
Figure qui consiste à faire
la description d'une chose de
façon animée et vivante, comme
si on la mettait sous les yeux.

Ironie
Figure qui consiste à dire
le contraire de ce qu'on veut
laisser entendre .
Chez Baudelaire l'ironie prend
fréquemment la forme de paroles
que l'on prononce mais sans
les assumer.

Libertin (sonnet)
Sonnet irrégulier qui construit
les quatrains sur des rimes
différentes.

Métaphore
Comparaison sans terme
introducteur, la métaphore
remplace un terme par un autre
qui lui est lié par un rapport
de ressemblance
(la nature est un temple).

Oxymore (ou oxymoron)
Alliance de deux mots
contradictoires (un jour noir).

Personnification
Forme particulière de métaphore
où l'auteur donne à un animal,
un objet ou même une

abstraction des sentiments
ou des comportements propres
aux humains.

Quatrain
Groupe de quatre vers.

Rejet
Lorsqu'un enjambement rejette
un mot ou un bref groupe
de mots dans le vers suivant,
on parle de rejet si le groupe
débordant est suivi d'une pause
forte.

Rime pauvre
Seule la dernière voyelle sonore
est répétée.

Rime riche
Les mots possèdent trois sons
en commun.

Rime suffisante
Les mots possèdent deux sons
en commun, voyelle et consonne,
ou consonne et voyelle.

Sonnet
Poème de 14 vers, composé
de deux quatrains et deux tercets
dont les rimes obéissent
à une disposition complexe.

Syllepse
Figure qui consiste à employer
un terme dans un double sens.

Symbole
Signe concret évoquant
par un rapport naturel quelque
chose qui n'est pas visible
dans la réalité (la croix symbole
du christianisme renvoie
au supplice du Christ).

Synesthésies
Liaison subjective par laquelle
l'excitation d'un sens fait naître
des impressions appartenant
à un autre sens (« les parfums,
les couleurs et les sons
se répondent »).

Tercet
Groupe de trois vers.

Trimètre romantique
Alexandrin à trois temps (4/4/4) :
« Vivre est un mal. C'est un secret
de tous connu. »
(« *Semper eadem* »).

Tables des titres et des incipit

Tables des titres et des incipit

Bibliographie

Éditions des *Fleurs du mal*

• *Baudelaire, œuvres complètes I*, C. Pichois éditeur, bibliothèque de la Pléiade, Gallimard, 1975.

• *Les Fleurs du mal*, Garnier, A. Adam éditeur, 1988.

• *Les Fleurs du mal, texte et contexte*, J. Delabroy, Magnard 1989.

• *Les Fleurs du mal*, Garnier-Flammarion, J. Dupont éditeur, 1992.

Sur Baudelaire et *Les Fleurs du mal*

• Pichois Claude et Ziegler Jean, *Baudelaire, biographie*, Julliard, 1987.

• Rincé Dominique, *Baudelaire et la modernité poétique*, « Que sais-je », PUF, 1984.

• Matthieu Jean-Claude, *Les Fleurs du mal*, poche critique, Hachette, 1972.

• Barbéris Marie-Anne, *Les Fleurs du mal*, coll. « Lectoguide », Éditions pédagogiques modernes, Paris, 1980.

• Troyat Henri, *Baudelaire,* Flammarion, 1994 – Le livre de poche, 1995.

Sur le genre poétique

• Friedrich Hugo, *Structures de la poésie moderne*, Denoël, 1976 (nouvelle éd. en coll. de poche, 1999).

• Rabaté D. *et alii, Figures du sujet lyrique,* PUF, 1996.

Sur les thèmes de l'œuvre

• Poulet Georges, *Études sur le temps humain* (vol. 1), Plon, 1952, Éditions du Rocher, 1976.

• *La Poésie éclatée, Baudelaire, Rimbaud*, PUF, 1980.

• *Les Métamorphoses du cercle*, Plon 1961, Flammarion, 1979.

Bibliographie

• Richard Jean-Pierre, *Poésie et profondeur,* Le Seuil, 1955. (repris en poche, coll. « Points », Le Seuil).

• Starobinski Jean, *La Mélancolie au miroir, trois lectures de Baudelaire,* Julliard 1989 (L'héautontimorouménos, L'Irrémédiable, Le Cygne).

Les grandes lectures

• Benjamin Walter, *Charles Baudelaire, un poète lyrique à l'apogée du capitalisme,* Payot, 1979 (1re édition allemande, 1955).

• Bersani Léo, *Baudelaire et Freud,* Le Seuil, 1981 (1re édition américaine, 1977).

• Emmanuel Pierre, *Baudelaire, la femme et Dieu*, Le Seuil, 1982.

• Fondane Benjamin, *Baudelaire et l'expérience du gouffre*, 1947, Seghers, 1972.

• Sartre Jean-Paul, *Baudelaire,* Gallimard, 1947, coll. « Idées », 1963.

• Valéry Paul, « Situation de Baudelaire », *Variété II*, Gallimard, 1930.

• Bonnefoy Yves, « Les Fleurs du mal », dans *L'Improbable*, Mercure de France, 1949.

Textes à lire autour des *Fleurs du mal*

• Victor Hugo, *Les Contemplations*, 1856.

• Lautréamont, *Les Chants de Maldoror*, 1868.

• Huysmans, *À rebours*, 1884.

• Louis Aragon, *Le Paysan de Paris*, 1926.

• Marcel Aymé, *Le Confort intellectuel,* Flammarion, 1949.

Crédits Photographiques

Dessin de couverture: Alain Boyer

7	Ph. E. Carjat © Archives photographiques - Archives Larbor
11	Ph. Jeanbor © Archives Larbor
17	Ph. Coll. Archives Larbor -DR © ADAGP Paris 2006
20	Ph. Coll. Archives Larbor
56	Ph. Coll. Archives Larbor
128	Ph. Olivier Ploton © Archives Larousse
194	Ph. Coll. Archives Larbor - DR
234	Paris, Musée du Louvre-Ph. © RMN
235	Ph. © AKG-Images, Paris
236	Ph. Coll. Archives Larbor

Direction de la collection : CARINE Girac - Marinier
Direction éditoriale : Jacques Florent, avec le concours de Romain LANCREY-JAVAL
Édition : Bertrand LOUËT, avec la collaboration de Marie-Hélène CHRISTENSEN
Lecture-correction : service Lecture-correction Larousse
Recherche iconographique : Valérie PERRIN, Laure BACCHETTA
Direction artistique : Uli MEINDL
Couverture et maquette intérieure : Serge CORTESI
Responsable de fabrication : Marlène DELBEKEN

Photocomposition : Nord Compo
Impression chez Rotolito Lombarda - Italie - 306060/03
Dépôt légal : Juillet 2006 - N° de projet : 11020454 - Août 2012